中国之春

文会

ARTICLE ALLIANCE FOR CHINA SPRING

编 撰： 文会 编辑组

编委

程干远 封従德　付申奇　孔识仁 林牧晨　任松林

孙　云 吴　倩　徐英朗　羊　子 张伟国　郑　源

美国麓鹿出版社
www.lulu.com

目录：

重建中华民国

王炳章

编者附言：2002 年 6 月，王炳章先生在越南芒街被中共特工越境绑架，随后判处无期徒刑，至今仍关押在韶山监狱。中共施加如此穷凶极恶的暴行，显露出中共对王炳章的恨与怕，而如此的恨与怕之缘故，显然是因为王炳章做了三件非凡之举：一，1982年底，王炳章等人创办了【中国之春】杂志。1983 年底，召开了"中国之春运动世界大会"，成立了海外第一个民运组织。二，王炳章于 1998 年撰写了【民运手册----中国民主革命之路】，指出："革命"确是老百姓可以做的，确切一点说，是公民的一种天赋人权。当 执政者不进行"改革"时，剩下唯一推动社会前进的途径，就是人民的革命。王炳章并亲身潜入大陆串联民运人士。三，王炳章于 2000 年撰写了文章：【重建中华民国】这篇文章分量极重，值得再读，特此全文转载。

一、"走俄国的路，这就是结论"

苏联解体后，俄罗斯及前苏联各加盟共和国掀起了一股"非共""复旧"热。列宁格勒改回彼得格勒，很多以列宁、斯大林、高尔基和捷尔任斯基等苏共元老命名的地名、街名，都像彼得格勒一样，纷纷改回原来的名称。那些共产革命元老的塑像也被推倒，横七竖八地堆在一起，任人践踏。

最具"复旧"意义的是，俄罗斯国家的名称和旗帜，恢复到了一九一七年二月革命后民主政府时期的样式。也就是说，经过了七十多年的共产革命，俄国回到了共产革命前的原点。这是正常的，回到原点，就是回到民主政体。名为"复旧"而实为"履新"。因为俄国一九一七 年二月革命，推翻了沙皇统治，建立了 一个新俄国——历史上的第一个民主共和国。不幸的是俄国这第一个民主共和政体，很快就被苏共推翻，取而代之的是残酷的苏共极权统治。既然本来就是民主共和体制，推翻了共产党统治，回复原有的新俄国这就对了：即简单又明确。

我们中国将来也会有这么一天：共产党垮台了，"非共"热将把毛泽东等中共元老的塑像全部推倒，而政体也将恢复到孙中山创建的新中国——中华民国的民主共和体制。"走俄国的路，这就是结论。"当年，中国共产党人用这句口 号发动了中国的共产革命。但是，共产党人不可能预见到，"俄国的路"，最终是个 U 字型的路——回到原点的路。现在我们中国的民主人士们，在回答"中国向何处去"的问题上，反而可以套用这句话："走俄国的路，这就是结论"。即：推翻中共政权之后，中 国应当像俄国一样"复旧——履新"，即 ：恢复中华民国的民主共和体制。

谈到"复旧"而实为"履新"，法兰西共和国的历史也是一例。一七八九年七月十四日，法国爆发大革命，革命人民攻占巴士底狱，创建了法兰西共和国，制定了第一共和国宪法。随后，民主共和与专制复辟进行了八十多年的较量。其间，有拿破仑、路易．菲利浦和路易．波拿巴的三次专制复辟，三次复辟又三次被民主革命打翻。直到一八七五年，法国人民推翻了最后一个复辟王朝之后，经过激烈辩论，决定回到原点——承认"法兰西第一共和国宪法"，继承法兰西共和国的大统。从此，法国走上了长治久安的道路。

世界历史表明，很多国家民主制度的最终确立，都经历过专制复辟与民主革命长期而反复的较量。中国也不例外。孙中山创建了民主共和的新中国——中华民国，随后，历经袁世凯复辟帝制、张勋复辟满清和北洋军阀"假共和之名义以行专制之实"，直至中共披着"共产革命"的外衣，在中国大陆实现了专制制度的全面复辟和超级复辟。然而，我们坚信，民主的潮流终不可挡。中国人民在推翻中共专制之后，孙中山所创造的民主共和体制，一定会得到重建。

二．什么是"重建中华民国"？

什么叫重建？就是"重新建立"，意思是原来有，后来被破坏了，现在再重新建立起来。重建中华民国的逻辑是非常明确的：

第一，原来我们中华民族有一个共和民主政权——中华民国政府,有一部民主宪法——中华民国宪法；

第二，在中共叛乱集团的武装割据下，中华民国政府退居台湾，在台湾坚守中华民国的法统；

第三，近年来，台湾政权逐步放弃了中华民国的实质，抛弃了孙中山和三民主义，将中华民国"台独化"，一句话，台湾政权在背叛中华民国；

第四，推翻中共，何为取代？重建我们原有的民主政权——中华民国，就是最好的取代。而这个取代的性质，就是以"民主统一中国"。这是既简单又方便的途径。

三、中华民国——亚洲第一个民主共和国

提到中华民国，我们中国人应当感到骄傲。因为，中华民国是亚洲第一个民主共和国。国父孙中山博士和一大批志士仁人，在批驳了改良派之后，发动了数次起义，终于在一九一一年，以辛亥革命推翻了满清的专制统治。

一九一二年元月一日，中华民国临时政府成立，孙中山就任临时大总统。中华民国临时政府的成立，结束了中国数千年皇权统治的历史。她是亚洲第一个"民治、民有、民享"的民主共和国。

一九一二年三月，《中华民国临时约法》草就。这是亚洲第一部民主性质的宪章。应当说，辛亥革命和中华民国的建立，是迄今为止，中国历史上最伟大的划时代事件。中国历史上，无数次民众起义，曾经推翻过数十个专制王朝，但是，建立起来的，仍然是另外一个皇权专制。辛亥革命与中华民国的建立结束了皇权专制，使中国步上了共和国的道路。

尽管孙中山先生的中华民国临时政府坚持的时间不长，但其民选制、最高权力的分散与制衡等原则，都标志着它的民主政权的性质，在亚洲开启了民主的先河。

一九三五年，即使在内忧外患的形势下，中华民国政府亦曾召集民主先贤，在《中华民国临时约法》的基础上，制定了《中华民国临时宪法》。抗日战争胜利后，中华民国政府立即着手落实民主宪政。一九四六年十一月，国民政府举行了由各省市、各党派参加的《制宪国民代表大会》。会议通过了由国家社会党领导人张君劢主持起草的《中华民国宪法》。这部宪法明文规定"五权分立"和"政治民主化、军队国家化，各党派平等合法"等民主原则，被宪法学者公认为是一部民主的宪法。中共人士周恩来、董必武、秦邦宪等，曾参与该宪法的起草。对美国自由民主制度倍为推崇的著名学者胡适先生称这部《中华民国宪法》是"比美国宪法还民主的宪法"。然而，中共为了发动内战，不仅抵制这次制宪大会，而且不承认这部民主宪法。

即使在中共破坏宪政、全面发动内战的威胁下，一九四七年十一月，中华民国国民政府的民意代表仍然在南京举行了《行宪国民代表大会》，并举行了自由的总统和副总统选举。蒋介石的政敌李宗仁，虽公开与蒋介石作对，却当选为副总统。中共历来批判蒋介石、国民党独裁。请问：在中共的历次大小会议上，有没有一次像一九四七年国民大会那样的自由选举？

我们应当作出结论：孙中山所缔造的中华民国，是民主共和国；《中华民国宪法》，是民主共和宪法。中共享武力夺取政权，建立极权统治，就像苏共推倒俄国二月革命后的民主政府并夺取了政权一样，是一次专制复辟。

四、中华民国在台湾性质的蜕变——大陆 民运的见证

中华民国退守台湾之后，直到蒋经国时代，始终坚持着中华民国的法统。坚守在台湾的中华民国政府，如果在蒋经国先生之后，能真正继承蒋经国的遗志，一直坚持孙中山博士的理念，一直恪守中华民国的宪法，一直以"反共复国"为己任，那么，我们根本没有必要开展"重建中华民国"的运动。中华民国好好地屹立在那里，哪有"重建"之理？而且，如果今天的中华民国，仍然是两蒋时代的中华民国，我们中国的问题会容易解决得多，或许中共专制早就被推翻了。

我之所以这样说，是因为我有着亲身的体会和感受。中华民国在台湾的国力和技术，加上大陆人民反对中共专制的决心、策略和力量，完全可能推倒中共的专制政权，而且，历史也曾经提供了这样的机会。不幸的是，蒋经国之后，李登辉执政。中华民国的性质开始被李登辉等台独、独台人士扭曲，直到变质。

我一九八二年在美国创办《中国之春》，发动大陆海外民运，由于我的特殊经历和地位，至今一直与台湾的朝野、各党派保持着诸多联系。二十年来，我历经蒋经国、李登辉、陈水扁三个时代，亲身体会了中华民国在台湾的蜕变过程。可以说，我是中华民国在台湾蜕变的历史见证人之一。而我的见证又有其独特的角度——因为我能够从中华民国与大陆民运关系的演化，来见证中华民国在台湾性质的蜕变。

其一，蒋经国时代，中华民国行使历史使命——与大陆民运"一家人"式的配合运作至今，每当我回忆起大陆民运与蒋经国时代中华民国国府之间的合作，回想起蒋经国先生对大陆民运的支持，心情仍然激动不已。

一九八二年十一月十七日，我在纽约曼哈顿的希尔顿酒店举行记者会，宣布创办《中国之春》，发动大陆民运，组建大陆民主力量，矢志彻底变革专制制度。一九八三初，时任中华民国总统的蒋经国先生就派代表来纽约秘密见我，表示愿意与大陆民运诚心合作，推翻中共专制，民主统一中国。记得蒋经国总统的代表说，合作的条件只有一个，就是绝对的保密。那时，连国府行政院长和国防部长都不知道国府与大陆民运间的合作关系。蒋经国总统直接领导着一个工作组与我们配合运作。宋楚瑜先生曾经担任过这个工作组的组长，直接向蒋经国总统负责。鉴于当时的特殊政治环境，我对蒋经国总统和国府的代表提出了真诚合作的"四项原则"：

（一）独立的原则。《中国之春》、大陆民运在政治上完全独立。

（二）平等的原则。大陆民运与国民党和国府之间，在互相尊重、平等的原则下合作。

（三）保密的原则。这点，蒋经国总统的代表已经强调。

（四）批评的原则。即：我们对国民党该批评的地方，将照批不误。这些原则，蒋经国先生都答应了。特别是批评国民党一项，蒋经国总统回话说："国民党是有很多毛病嘛，应当批评。"

蒋经国总统派来的国府代表特别表示：经国总统希望共同努力，在我们这一代能够推翻中共专制，在大陆实现民主制度，完成中国的统一。中国在我们这新的一代，不能再分裂、内斗下去了。

在我主持《中国之春》和中国民联期间，大陆民运与中华民国国府之间的关系，真的可用"一家人"来形容。因为，双方本来就是一家人。这种"一家人"式的合作，是全方位的。包括"战略与策略的制定"、"信息的交流"和"财力支持"等。例如，国府从大陆内部获得的数据显示，有一名中共国安部的人员渗透到了《中国之春》编辑部，他们就立即将此信息通知了我们。《中国之春》编辑部核实后，便策略地采取了相应措施。再如，倘若大陆民运某一个项目需要财力支持，祇要打个招呼，没几天，指定账号上就会收到"华侨人士"从欧洲、东南亚或南美洲汇来的资金。

很多老民运都有这样的体会：在我主导大陆民运期间，是大陆民运表现最佳的时期，是获得大陆留学生和海外华侨支持面最大的时期。其实，我应当这么说：在大陆民运与中华民国国府精诚合作的时期，是大陆民运表现最佳的时期。没有蒋经国先生的支持，没有中华民国国府的全面配合，《中国之春》和中国民联不可能有那样的表现，不可能取得那样的成绩。

国民党、中华民国国府与大陆民运如此的密切合作，大陆民运是否失去了它的独立性呢？答案非常清楚：没有。

《中国之春》、中国民联始终坚持了政治独立的原则。如果大家翻阅一下我主持工作期间的《中国之春》杂志，就会发现，那时，我们对国民党某些不当政策的批评是相当尖锐的。我们大陆民运始终支持台湾民运人士为争取台湾民主所进行的努力 。在民进党突破台湾党禁、宣布成立的当　　天，我们非常振奋，立即举行了会议，决定支持。我们立即给民进党发了贺信。我们认为　　 ，台湾的民主发展，对大陆可起示范作用，有助于大陆的民主化。

尽管大陆民运始终坚持了政治独立的原则，为什么蒋经国时代的中华民国国府与大陆民运关系还能如此的融洽呢？道理十分清楚：蒋经国先生是一个有远见、有容量的政治家。蒋经国时代的中华民国，蒋经国时代的国民党，　坚持着国父孙中山博士的理念，以在全中国实现"三民主义"为己任，坚持 "反共复国"的国策，将大陆人民视为自己的同胞。正因为如此，双方都以民族大义为重，以大局为重，以"推翻中共、重建民国"为目标，求同存异，进行了"一家人"式的合作。

其二，李登辉时代中华民国的台湾化 ，及其对大陆民运的"情报路线"

李登辉接掌国民党和中华民国之后， 国民党当局对大陆民运的政策逐步转向，以至后来完全违背了蒋经国先生制订的路线。说白了，李登辉时代的路线是"情报路线"。即：用有限的金钱进行收买，将大陆民运变成"情报收集队"和"情报汇集站"，将大陆民运人士变成"情报分析员"。后来，国府便不再与大陆民运合作，以进行旨在推翻中共政权的活动了。

我一九九六年、一九九八年曾两次访问台湾。访问期间，我向国民党有关当局力陈支持大陆内部民主派的重要性，力陈中国大陆近年来矛盾的激化，指出大陆民运与中华民国国府合作以共同推翻中共的可能性，力劝国府当局继承蒋经国先生的遗志，恢复与大陆民运的真诚合作。我对他们说：台湾安全的最大保障，不是花大钱买飞机、军舰，不是花大钱做金钱外交，而是争取大陆老百姓的民心，是与大陆民运结合，尽快地结束中共专制统治。我建议台湾当局，根据目前大陆局势的发展，应当建立与大陆内部民主力量的真诚合作，目标应当非常明确 ——推翻中共的专政。为此，国府有必要资助一批大陆内部的职业革命家。台湾朝野的反应，则是用各种借口否决我的建议。而在蒋经国时代，台湾国府曾主动建议资助大陆内部的职业民运人士。然而，在八十年代，限于当时大陆的形势，仅有少数民运人士具有投入"职业民运"的条件。现在，形势发生了根本转变。 下岗工人、下岗干部、退伍军人，无业农民和不满的知识分子，到处都是。一 九九八年，我秘密迁入大陆，曾走访了城 市和农村。我发现，在大陆组建一支旨在推翻中共政权的职业革命力量的时机，已经成熟。

对于我的建议，台湾朝野一片否决之声。 最"离谱"的是这样的说法："我们不能用台湾纳税人的钱，来支持你们推翻'贵国'政府。"针对这种说词，我严肃而气愤地指 出：我们大陆民运向中华民国国府、向台湾朝野寻求的，不是台湾人民的纳税钱， 而是本来就属于大陆人民的钱。国府当局撤退到台湾时，带走了几十吨黄金，而这 些黄金，很多是国府用金圆券从大陆老百姓那里买来的。这些黄金的利息，就够我们大陆民运推翻中共了。我来台湾要的， 是这个钱。因此，我们大陆人民、大陆民 运来台湾要钱，是天经地义、理所当然的 。我的这番话，被台湾当局掐头去尾、断章取义，在电视上反复播放"我们来台湾要钱，是天经地义、理所当然的"，报导什么"王炳章说，台湾的钱，都是大陆人民的"，以引起台湾民众对大陆民运的不满 。台湾报纸用大幅版面发起对我的批判。从此，李登辉当局竟在民主的台湾，把 我列入了"禁止入境的黑名单"。

我访问台湾时，关于国府支持大陆民运的经费问题，有一次"认真"的谈话。 那是台湾情治机构派来的。那位官员指出：现在，台湾与蒋经国时代不一样了 。希望大陆民运能够正视这个现实。台湾 国府现在给大陆民运的经费，祇能 以搞情报的理由来支出，作为一种情报交换。他说："听说您王博士在大陆有不少关系，您可以动员他们搞中共文件嘛。绝密的价最高，机密的其次，秘密的最低。中央一级的价钱较高，省市地方的较低。什么文件什么价，我们台湾只能以此来'帮助'你们大陆民运人士 。" 听此一言，我气得发抖。我不客气地 说： "我们有骨气、有理想的大陆民运和大陆知识分子，是不可能充当特务的 。对不起，这种交易，我不能做。我们大陆民运也有专门的人员收集有关信息， 用于制定战略和策略的参考。如果你们 有必要，我们可以在对等的基础上进行信息交流，如此而已。"在台湾当 局"情报路线"的金钱利诱下，我不止一次地对台湾有关人员表示："我们宁可餐风宿露，也不会出卖灵魂。"

为什么在李登辉时代，中华民国国府与大陆民运之间的关系发生了质的变化呢 ？当然，原因是多方面的。其中一个重 要原因，就是李登辉时代的国民党和政府，放弃了孙中山先生的理念，放弃了中华民国"反共复国"、民主统一中国的国策，放弃了中华民国国府对大陆同胞的责任，实行了"独台"政策。李登辉提出的"两国论"，就是这一 政策的集中表现。

所谓"两国"，李登辉一派的解释，就 是"海峡两岸，一边一国"。李登辉的两国论，使中华民国国府长期固守的"反共复国反独求统"的国策，转变成了 " 与共和存、分离求独"的国策。一位大陆人士说："李登辉的两国论，是企图把中国当成一块大饼，分为两块，由中共吃大块，由台独人士吃小块。"的确，李登辉等人，曾在很多场合表示 "希望大陆江泽民政权稳定"。

正是在整个国策转变的大形势下 ，李登辉的"中华民国国府"与大陆民运之间的关系，与蒋经国时代相比，发生了根本性的转变。

在李登辉对大陆民运决以"情报路线"而进行利用的政策指导下，在大陆，有因一 时认不清李登辉真相而被骗下海，因为台湾收集情报、结果遭遇中共迫害的大陆反共人士；在海外，也有因抵制 "情报路线" 而受到台湾排挤打击的海外民运人士。至于受台湾当局指使和利诱，而在海外民运圈内拉一派、打一派者，于今亦已经为海外有识之士所共知。历史的记录是，在李登辉时代，大陆民运因台湾因素的不当介入而受到了相当的破坏。我想，很多人对此都有亲身的体会。历史的纪录是，在李登辉时代，大陆人民本有很多严重打击中共政权、直至摧毁中共专制政权的机会，但都在李登辉"希望与中共政权和平相处"的政策下错过了。关于这两方面的秘辛，我相信，将来在适当时机，有关人士会予以披露。

其三，陈水扁时代，正在台独化的中华民国对大陆民运推行"收买路线"。

如果说，在李登辉时代，其台独路线还"犹抱琵琶半遮面"的话，到了陈水扁执政后，其台独路线已经表面化。所以我们说，中华民国在李登辉时代"台湾化"了；在陈水扁时代则"台独化"了。"中华民国"成了台湾地方政权的一个代名词。就像一些台独人士宣称的：台湾没有必要宣布独立，没有必要再宣布成立"台湾共和国"，因为，台湾已经是一个独立的国家，它的名字就叫"中华民国"。

在李登辉时代，由于国民党内还有相当一批孙文主义的追随者，他们对国民党的蜕变和李登辉的独台路线还有一定的制约作用。因此，在一批有识之士的努力平衡下，李登辉时代的国府还是在纸面上通过了"国家统一纲领"，成立了"国家统一委员会"，起码在口头上，还是要追求国家的民主统一的。

如果说，李登辉时代已经将"中华民国台湾化"了的话，陈水扁时代则完成了"中华民国台独化"。陈水扁将"中华民国"向"台独化"推进的一个重要步骤，是在实质上废除了具有重要象征意义的"国家统一委员会"。在两岸关系的处理上，陈水扁当局也较李登辉时代走得更远，他试图完全切断台湾与大陆之间的政治血脉。最近，"世界台湾人大会"年会在台湾举行。这次，"世台会"的主要要求之一，就是更改"国名"——将已经空壳化、台湾化的"中华民国"，改称为"台湾共和国"。其实，"世台会"的主张倒是十脆些，倒是有"讲真话"的勇气。陈水扁先生出席"世台会"捧场，说明其内心是认同该会要求的。的确，在陈水扁"中华民国台独化"政策的导引下，"中华民国"已经成了变相的"台湾共和国"，祇是出于策略的需要，没有公开宣布独立、没有公开变更国号罢了。

在陈水扁"中华民国台独化"的国策下，台湾当局对大陆民运的政策也进行了调整。调整的方向是：收买大陆民运，为其"中华民国台独化"的国策服务。据我所知，陈水扁执政后，台湾当局曾派员与一些大陆民运人士接触。台湾当局利用某些大陆民运人士谋生困难、希望能够得到"容易钱"的心理，以每月发给生活费为诱饵，让大陆民运人士签下"卖身契"。"卖身契"的实质内容就是同意"台独"。台湾当局试图收买一批披着"大陆民运"外衣的"中华民国台独化"政策的辩护士和推销员。

五、台湾民主化与重建中华民国

我们必须声明，虽然我们不同意李登辉和陈水扁的"中华民国台独化"，但绝不否定台湾近年来在民主化方面取得的巨大成就。就我个人而言，民进党内也有很多私人朋友，我对台湾反对派人士的奉献精神一直怀有深深的敬意。问题在于，我们在肯定台湾的经济繁荣和政治民主的时候，我们必须认识如下因素：

（一）台湾民主化的成就，除了台湾反对派人士的努力这一不可否认的因素外，与中华民国的民主法统有着不可分割的传承联系，甚至可以这么说，台湾今日的民主化，是中华民国民主法统的继续。这是因为：没有辛亥革命推翻满清专制、创建了中华民国，就没有今天的"中华民国在台湾"；没有中华民国无数优秀儿女的牺牲奋斗，就没有伟大的抗日战争的胜利，就没有台湾从日本侵略者手中获得自由解放的事实；没有中华民国民主宪法的制定以及在这一宪法下的民主训政，就没有后来的、在中华民国宪法导引下台湾走向完民主的发展。没有两蒋总统在台湾坚持"反共复国"的国策和对台湾安全的坚决保卫，台湾可能早就被社会主义台独或中共所窃据。如果没有中国国民党一贯坚持"自由民主"的理念，就没有国民党后来在台湾"政治让权"式的民主改革。我说"政治让权"，指的是，一切的和平民主改革，除了反对派人士的争取之外，掌权者能够"让出政治权力"，也是不可或缺的因素。很多大陆民运人士的献身精神不可谓不大，但是，由于中共从来就不认同"自由民主"的理念，由于中共不肯让出任何一点政治权力，所以，大陆至今才看不出以改良方式实现民主化的可能性。

（二）除了民主化之外，甚至台湾今日的经济成就，也与大陆有着不可分割 的关系：没有中国国民党退到台湾时带去的大批大陆精英，没有这批精英成功地进行了台湾的土地改革，没有这批精英根据孙中山先生三民主义制定 的台湾经济发展战略，台湾在六、七十 年代就不可能有那么快的经济起飞；没有中国国民党退到台湾时带去的大量黄金（大陆人民的血汗钱，一说数十吨 ，一说十几吨）作为稳定台湾金融的重要基础之一，台湾就不可能有后来的金融稳定和迅速的经济发展。

因此，今日中华民国在台湾取得的经济成就和民主化成果，实际上应看做是整个中国的财富，是整体中华民族的财富。当然，我们也不否认台湾本土精英和台湾原住民对台湾经济发展的巨大贡献。我们要提醒注意的是，台湾今日经济发展与民主化的成就，绝非台独人士的私有资产。尤其在《中华民国宪法》基础上发展出来的台湾民主化成果,更非单纯来源于台独人士的"打拚"。台湾的民主化成果,只是《中华民国宪法》这棵大树发育出来的一株幼芽,一次成功的地方试验。她的根,在全中国,她的主体,仍在中国大陆。虽然那里至今仍被冻土封盖。但是,我们坚信,一旦解冻,必将成长出民主的参天大树。

倘若今日在台湾的中华民国仍然坚持孙中山的理念，仍然以整个中华民族的利益为重，那么就理应运用经济成就与民主化的成果这一整体中华民族的财富，采取进取性措施，与中华民国国民的主体力量——大陆人民联合起来，开展新时代的北伐，尽快结束中共的专制统治，实现全中国的民主化。不幸的是，由于独台和台独人士狭隘的民族主义眼界，他们从私利出发，将中华民国台独化了，从而放弃了对大陆——这个中华民国的主体应尽的责任。

谈到责任问题，我们不得不指出，中华民国政府对大陆人民理应有亏欠之意。历史的教训是，没有中华民国国府早期在大陆政治上和策略上的失误，大陆就可能幸免沦陷于共产党之手，大陆人民就可能幸免于遭受共产党的专制蹂躏。即便在中共残酷的统治之下，大陆还是有数不清的有志之士，心向中华民国，心向国民党，"南望王师"，一心把推翻中共的希望寄托在"复兴 基地"中华民国身上。为了响应中华民国原来"反攻大陆"的号召，为了保卫在台湾的中华民国，不知有多少大陆优秀儿女，在与中共残暴统治的抗争中已经付出了惨痛的代价。这些心向中华民国的大陆人民所付出的惨重代价，也为在台湾的中华民国提供了一定的安全保障。即使在今天，中华民国已经台独化了，已经把大陆同胞抛弃了，大陆无数有良知的人士，仍然从中华民族的整体利益出发，为了保住台湾的民主成果，为了台湾同胞的安全，为了不让中共血洗台湾，而冒着被中共迫害的危险，起而呼吁中共不要以武力解决台湾问题。因此，我们说，在台湾的中华民国国府在道义上，在政治上，理应对中国大陆负有不可推卸的责任。中华民国应当是属于全中、国人民的。如果在台湾的中华民国放弃了这一责任，如果在台湾的中华民国被台独人士窃据了，大陆人民反而有责任与台湾的有识之士一道，将中华民国拿回来，恢复其本来面目，并使之发扬光大。

还有一个道理，需要使意图将中华民国台独化的人士明白。那就是，一个民主化的台湾，面对中共专制政权，你不摧毁它，它就会吃掉你。你想用承认它、尊重它、甚至献媚它，来换取它对你的承认，是非常天真的，是与虎谋皮。不改变中国大陆的专制制度，台湾局部的民主成果随时都在受到威 胁，甚至惨遭毁灭。

六、如何开展重建中华民国的运动

中华民国在大陆被中共颠覆了，在台湾被台独异化了，因此，我们有责任重建她。如何重建呢？我想，我们应当 开展一个运动——重建中华民国的运动。这个运动大致分为如下几个层面：

其一，舆论宣传层面。

我们要宣传中华民国——亚洲第一个民主共和国的民主共和性质；我们要揭开历史的真相，把中共颠倒的历史纠正过来，把中共对中华民国泼下的污泥浊水洗净——还中华民国本来民主共和之真实而可爱的面貌。同时，我们要宣传、学习国父孙中山先生所创立的三民主义，并根据目前现实的国情和国际环境，继承三民主义，发扬三民主义，光大三民主义。舆论宣传的目的，是使大家达成共识。在共识的基础上展开行动。

其二，蓝图设计层面。

要重建的新中国是个什么样的模式 ，我们必须从现在起就进行规划。诚然 ，几十年前中华民国建国先贤们所制定的《中华民国宪法》、《建国大纲》 以及一系列的法规建制，不但显示了她的民主性质，而且其实质精神具有永恒的价值。但是，随着时代的发展， 其具体内容必须更新，必须现代化， 以更加适应目前海峡两岸、香港、澳门以及国际新格局的现状。过去几年， 台湾曾进行了几次《中华民国宪法》的修宪活动。我们则应检讨台湾修宪正反两方面的经验。大陆反对派人士也曾为后共产党政权起草过几部宪法草案，勾画过部分未来新中国的蓝图，也起草过未来新中国的各项政策草案。我们在设计未来新中国的蓝图时，要肯定过去有关人士的研究成果，要借鉴这些研究成果。我必须强调的是，一个政治运动，如果祇知道反对什么，不知道建立什么，是不成熟的。也就是说，只有解决了"拥护什么"的问题，纔能对民众形成凝聚力量。当前，大陆民众对中共专制腐败的不满，已经到了极不耐烦的地步。可以说，人民大众在心理上，已经完全做好了"改朝换制"的准备。问题是，中共垮台后，其"替代政权"的模式是什么？"替代政权"的国策是什么？什么样的政治力量可以取代中共而建立起"替代政权"？解决这些问题，就是解决民众"拥护什么"的问题——拥护什么样的"替代方案"和拥护什么样的政治力量。我认为这是大陆民主力量需要尽快解决的。

其三，发展组织层面。只有组织起来，才有力量，才能达成政治目标，这是常识。在舆论动员群众的基础上，将有共识的精英和群众组织起来，使之凝聚成政治力量，就像当年中华民国的建国先贤们成立同盟会一样。

其四，资金筹措层面。兵马未动，粮草先行。我们应当成立"重建中华民国基金会"或"新中国基金会"一类的筹款机构，为推翻中共、重建中华民国的运动筹措基金。

其五，行动策划层面。我们要在中国大陆策划一系列旨在推翻中共政权的行动。我们不要再浪费精力做那些对中共政权没什么实质性打击的事情了。现在要做的，就是实际策划那些可能推翻中共政权的动作。要集中力量策划出一个、两个、几个大动作，触发中共政权的金融危机、社会危机和政治危机，以学运、工（农）运、兵运的模式，最终导致中共的垮台。祇有瓦解中共的专制统治，才能重建一个民主的新中国。

最后，我们必须指出的是，重建中华民国，使亚洲第一个民主共和国重新屹立在世界的东方，是我们全体中华儿女的责任。我们必须结合中国大陆、台湾、港澳、及海外一切华人的力量，重新举起孙中山的旗帜，重建曾经属于、未来也必然属于全体中华儿女的中华民国。

当然，我们必须最终接受大多数中国民众的选择：在推倒中共政权之后，国号、国旗、宪法这些问题，必须由全中国人民来决定。我们在这里，只是提出了一个简便而具体的方案——沿用中华民国的国号和宪法。这一方案是否可行，必须最终由人民作出选择。不过，我们可以断定，不管将来人民选择什么"替代方案"，其精神和原则，都脱不出中华民国及其宪法的民主共和性质。就此意义上讲，研究、继承中华民国的传统，无论如何都是必要的。

一九九六和一九九八年，我访问台湾时，台湾朝野的独派朋友们竟然不止一次地提出过这样的问题：假如将来你们中国大陆民主人士掌握了政权，台湾宣布独立，你们会不会像中共一样用武力攻打台湾？我思索了一下说：将来大陆民主了，按照我的意见，将实行中华民国宪法，大家在一个宪法下，成了一家人，共同选总统，哪里还有什么打不打的问题？一句话说得独派朋友们哑口无言，祇能以掌声回应。

当时的一句应景之语，现在想一想，或可能成为未来解决海峡两岸问题的最佳选择。据说当年毛泽东对抛弃了"中华民国"的国号、采用苏联所起的"中华人民共和国"之名，非常后悔。更名一举，曾给中共政权进入国际社会带来很多困扰。说实在的，中共的专制政权也根本不配使用民主"中华民国"的名号。中共的这个"改名错误"，或许给我们这一代中国大陆人留下了一个契机 ——将"中华民国"重新唤回中国大陆和整个中国。

写于二零零零年三月

~~~~~~~~~~~~~~~~

中国民主联合阵线主席熊炎信函

二零二三年农历大年初一。我欣闻《中 国之春》杂志印刷版将要复刊。

双倍祝福！

作为前民联阵第一、二、三届理事和最后一届与民主党合并前的临时主席，我为复刊祝福！预祝越办越好，好到就象当年还没有互联网时代的影响，并超过。

上帝保佑！ 2023/1/22

于哈德逊河岸

熊焱

不信春风唤不回 -
《中国之春》朔源

文松木

一. 1982 年起，海外的"中国之春"

1982 年底，以王炳章为主的几位同仁，代表国内 1978---1979 年大陆民主墙运动的志士们，承接以【责任】为代表的中国民刊未竟之业，创办了《中国之春》。而后由杂志而组织，1983 年底在美国召开了"中国之春运动世界代表大会"，成立了第一个民运组织中国民主团结联盟（民联）。

1989 年北京六四屠杀惨案之后，大批 89 民运参与者逃往海外，不久便在巴黎成立了"民主中国阵线"（民阵）。

1993 年，"民联"、"民阵"决议自行解散，在华盛顿召开合并大会，成立了"中国民主联合阵线"（民联阵）。大会在选举过程中产生矛盾，部分与会者退出。事后他们又恢复了"民联"、"民阵"的活动。

此后，更多的组织成立，包括多个系统的"中国民主党"。还有个别人和小群体宣称建立了多个政府。

在此过程中，【中国之春】杂志的运行也受到几次重大干扰，最后于 2004 年停刊。多年后，主办【中国之春】的"中国民主联 合阵线"也逐渐"虚化、淡化"。海外"中国之春运动"一词渐被冷却、忘却。

二.革命倾向和光复大陆

2000 年，"民联阵"提出了"重建共和，再造统一"的纲领。王炳章撰文"重建中华民国"。此前，王炳章还发表了"民运手册"，鼓吹民主革命。而更重要的是辛灏年的大作【谁是新中国】发表，加上大陆兴起的"民国热"，使得原先执着于"和平改革"的"民运"，迅速地发生了转向"民主革命"和"中华民国光复大陆"的变化。

而最迅猛的冲击则是香港从"真普选-----雨伞运动"跃升为"光复香港-------时代革命"。香港激烈的斗争粉碎了中共"一国两制"的骗局，"光复香港"的坐标自然显示出"光复大陆"的标靶，也标志着"中国之春民主运动"已经踏入"中国之春民主革命"的新阶段。

三.温和改良派的维权运动的革命趋向

约 2000 年前后，大陆维权运动高潮迭起，如瓮安的民众抗争火烧警局；乌坎的民众抗争驱逐了中共村委、重新民选村委。维权运动多年来仍是余波难平，许多正直人士因为民众为法理发声而被迫害，例如董瑶琼、孙大午、任志强、彭立发等。2022 年爆发的抗议清零封控的示威，民众发出了"共产党下台"的怒吼，再次显示出封控的冰河下奔腾着激流。而中共变本加厉的镇压也说明了中共党朝统治者对人民的敌视和对随时可能爆发的革命充满恐惧。

四. 中国之春运动溯源

有学者将中国之春的起源追溯到"五七之春"和梁漱溟与毛泽东的思想交锋，以及延安"整风"运动对异议人士的杀戮。其中比较有说服力的是对"五七之春"的定位，包括储安平的"党天下"等言论，尤其是林昭和张春元等志士的政党组织活动 。

1966 年开始的文革中，无数无辜百姓和不少人因表达异见而被迫害甚至被杀和自杀。被杀者比较知名的有刘文辉、遇罗克、陆鸿恩等。自杀者有老舍、傅雷夫妇、上官云珠、顾圣婴全家、言慧珠、严凤英、姜永宁、荣国团、周瘦鹃等名人，也包括许多中共党内上层人士。

文革的惨剧继土改、镇反之后埋下了更多复仇的种子。文革初期的"四大自由" 和风行的群众组织活动则空前削弱了中共统治集团和国家机器的功效与威力，也为后来的民众抗争及组织化运作提供了底气和经验参考。

1971 年的林彪事件，也曾被称之为"惊破 霓裳羽衣曲"的一声春雷，它向升腾至巅峰的红教光炎泼上冷水，把严密封控的红朝铁幕捅了个窟窿，成为无数人得以走出迷信的启蒙教材。

1976 年早春，北京等地民众以悼念周恩来的名义表达了隐忍多年的"叛逆"情绪 。继而爆发了天安门事件，被称之为中 国之春的序幕。

五.真正的民主革命

综上所述，"中国之春"的实质内含就是对中共强权的抵制和对自由民主的追求。因此，不应主观片面地把它局限于某一时期、某一群体、某一事件。 相比"布拉格之春"、"阿拉伯之春"、"古巴之春"等等"之春"，"中国之春"的内涵要广泛深刻得多。中国之春有四个无以伦比的特点：

1.跨越 1957 鸣放运动、1976 天安门事 件、1979 民主运动、1989 学潮和抗暴斗争、2000 维权运动和光复民国的革命预备活动、2019 香港时代革命、2022 反封控白纸革命等多个时期，持续时间长达 70 年。

2. 包含力争兑现公民权---------自由表达权、知情权、出版权、集会权、结社权、议政权、参政权等广泛的诉求；以及从改良主义发展到推翻专政党朝、重建宪政民国的革命主张。

3.包含统治者集团内部的分化、官方人士与民间的"体制内"改良主义合作、坚持独立性的异议人士活动、独立或联合的 民间组织活动、国内（大陆、港澳、台湾）与海外人士的互动、配合，全方位的路径。

4.参与者包含各地各阶层。参与人数之多，因参与和平的斗争而被迫害被杀害的人数之多，为古今中外所未见。

从对中国民主运动的分析，我们可以把中国之春解释为反对中共专制政权的真正的民主革命。

人们不禁会探究：国人向往的民主自由的中国之春是什么样的？对此不妨做几个比较：

1.与历朝历代比较，自由度最高的是春 秋、宋朝、民国。而民国显然居首。

2.与世界各国比较，中华民国是亚洲第 一个宣布主权在民的民主共和国，其自由度不低于欧美。直至 46 宪法公布、 47 国民大会召开、和退守台湾后的宪政推进，中华民国的自由民主无疑高居世界前列。

3.与中共党朝比较，中共党朝毫无疑是由苏联扶持的中共篡夺的非法政府，是推翻民主共和制复辟党族特权的专制朝廷，是血债累累、罪恶滔天、公然反民主反人权的反动政权。在中共治下，人民的权利被剥夺殆尽，人民被迫害的程度超越蒙元满清而等于陷入第三次亡国亡天下。几千万或上亿生灵的非正常死亡，已经把中共钉在历史的耻辱柱上。中共面对自己无法抵赖的罪行，竟然还能自诩为盛世，真是无耻之极。

显然。称得上中国之春的只能是伟大的中华民国。有许多人认为中华民国还是不够好，还需要另外一个更好的国家，并端出自己闭门造车的设计图。对此只能说，美梦人人会做，但空想成不了气候，中华民国的伟大工程是多少代多少人血汗的结晶。另外有些自命不凡的人已经按捺不住，在宣扬他们营造的影子政府影子朝廷。对此类愚妄之徒 ， 没有理睬的价值。

中国唯一合法政府是中华民国。从 1911 年开始，中国进入了民国时代--------民主共和国时代，主权在民的时代。虽经挫折坎坷和多次叛乱、复辟、篡政，但中华民国仍屹立至今，并展现出傲然于世的繁荣春景 。 可以相信，中华民国光复大陆的伟业必将成功，那才是大中华最美的春天。

年年古原觅春色，杜鹃泣血寒雨悲。何苦对花空溅泪，不信春风唤不回。

我们耐心地期地期待领袖
王炳章博士关于海外民运的论述(节选)
郑源

1982 年 11 月 17 日从加拿大读完医学博士的王炳章在纽约曼哈顿的希尔顿酒店举行记者会，宣布创办"中国之春"，发动大陆民运，组建大陆民主力量，矢志彻底改变大陆一党专制制度。四十年 前，在海内外这是石破天惊、万人瞩目之举。

有人问他，你这样做是为了什么？你觉得民运可以成功吗？

王炳章的回答是："我们这一代留学生不能交白卷。我们要告诉后人，面对专制，我们没有屈服过，我们曾经奋争过。即使没有成功，后来人可以借鉴我们的经验。"他还说"在未来民主大厦落成典礼时，我们可能不是典礼的剪彩者，不是民主大厦的享用者。但任何一座大厦的建成都要由碎石先填平那地面的坑穴，我们宁愿做这样的碎石，以便让后来者有一个更高的起点。没有这些碎石，任何辉煌的民主大厦都不会出现在东方的古老中国。"

关于民主、自由、人权、法治王炳章博士在组建中春和中国民联时做了很多的论述，在民运其他方面炳章也有过很多精确的阐述。他说："对中国民主的实现，我一直是非常乐观的。我乐观的基础，是人性中对于自由、安全、幸福的追求 。这种追求，必将导致民主政体的建立。"关于民主运动的手段"我的答案有两点： 其一，我们希望以和平演进的手段达成中国民主化的目标，希望避免革命，尤其是避免流血。其二，最终，专制社会以什么方式过渡到民主社会，不取决于我们，而主要取决于执政者的态度，取决于执政者在人民的要求下采取什么样的回应。"

王炳章也指出："历史的无情事实是，没有一个民主政体是通过纯粹内部运作方式建立的。缺少人民的压力和争取，执政集团不会自动放弃既得的利益和权力。不斗争不争取，自由和民主不会自动从天而降。"这也是我和朋友们组建"中国民主策进会"的基本思想。

美国前总统尼克森说过："政治领袖没有试探过自己最基本支持者的忠诚程度之前，不能说渡过领袖的考验。"

王炳章认为"领袖对于任何一个运动都是十分重要的。领袖的重要作用有两点： 一、领袖是指路人，他要有前瞻性，看得高看得远，指明运动发的方向，决断一个个阶段性任务。二、领袖是凝聚点，他要有服众的智慧、能力和勇气。"

我觉得，中国民主运动并不缺少著名的异议分子，他们之中有全球知名的被中共非法关押多年的反对派人士和理论家 ，但是异议分子并不等同于民运领袖。中国民

（下转 45 页）

三民主义与当代中国
傅申奇

竖起旗子！明确方向！终结党国！重建民国！

编者按：这是作者 2001 年纪念辛亥革命九十周年时写的，二十二年过去了，时间车轮似乎缓慢了一点，但无疑是朝着笔者期望的方向前行！其中基本的论断仍然可以成为民国宪政派朋友的参考。"我们是新世纪的喜鹊，我们要向中国人传递喜悦的信息：新世纪的中国将是党权衰落，民权兴起的世纪。"

在辛亥革命九十周年、中华民国创建九十周年之际，我们情不自禁地缅怀中国的民运之父，民主中国之国父孙中山先生，自然而然的想到孙中山先生的伟大思想，也就是引导中国结束皇权专制、建立民主共和的思想，三民主义。这就引出了三民主义与当代中国的关系这样一个问题。

当所有历史人物都在历史的风尘中被渐渐淡忘的时候，当曾经被人们当作神敬拜的毛泽东被全体中国人唾弃和遗忘的时候，只有孙中山先生被热爱民主自由、追求民族振兴的中国人牢牢记在心里，只有孙中山先生的光辉形象能够在两岸三地同时屹立，只有孙中山先被全世界的华人异口同声地称为世纪伟人。甚至不少远离政治、厌恶政治的人也认为在政治家中只有孙中山是高尚的。

当马列主义在中国声名狼藉，被中国人民憎恨的时候，当各种旧学说、新思潮都被知识分子当作学术研究的对象，或 被人们当作饭后茶余的佐料的时候，为中国前途与命运而奋斗的中国人通过执着的探索和痛苦的反思后却发现：三民主义历经百年的沧桑依旧发出夺目的光芒，照亮中国人前行的脚步。

假如我向了解中国近代历史的人提一个问题说：哪一位中国近代的历史人物， 哪一种中国近代的思想理论将对二十一世纪的中国产生巨大的影响，百分子九十以上的人会给我同一个答案：那就是孙中山和他的三民主义！

孙中山先生不是神，是有缺陷的人，但没有任何一个人象他那样提出了如此富有概括力、如此有远见的学说。他顺应世界潮流，从中国自身的实际出发，从民族、政治、社会、历史、伦理各个层面提出他的三民主义，不知激荡了多少青年的热血 。

什么是三民主义呢？三民主义就是孙中山先生洞察中外历史，吸取中西思想之精华 ，对错综复杂的中国问题提出的解决方案 。孙中山先生自己曾简单的概括说：三民主义就是救国主义。三民主义就是救中国出君主专制的主义；就是救中国出次殖民地的主义；就是救中国出贫穷、落后、 愚昧的主义。

三民主义有三大部分，那就是民族主义 、民权主义和民生主义。

所谓民族主义就是中华民族的民族主义，民族主义的要旨是：对内以几千年各民族融合、同化的历史事实为基础，彻底抛弃汉民族沙文主义，在尊重各少数民族自决权的前提下，继续实行民族融合与同化，和各少数民族一起缔造一个真正的中华民族，就如孙中山先生所说："汉族当牺牲其血统，历史，与夫自尊自大之名称，而与满蒙回藏之人民，相见以诚，合为一炉而冶之，以成一中华民族之新主义。如美利坚之合黑白数十种之人民，而冶成一世界之冠之美利坚民族主义"。对外则抗强权，立于世界民族之林，用固有的道德和平做基础，广施博爱，"济弱扶倾"以达世界大同合一的目标。

所谓民权主义就是政治主权归于全体人民的主义，就是"让四万万人民做皇帝"的主义。民权主义的目标要以选举、罢免、创制、复决四大民权的落实和对立法、司法、行政、考试、监察五大政府权的限制和完善才能完成。

所谓民生主义就是要解决衣食住行，教育、娱乐等诸种问题的主义，就是要让各项利益由全体人民共享的主义。人民的生活、社会的生存、国民的生计、群众的生命，都是民生主义要研究和解决的课题。民生主义要达到"老有所终、壮有所用、幼有所长、矜寡孤独废疾者皆有所养"的目的。欲达此目的要借助"平均地权"、"节制资本"的政策和种种实业计划。

简单说来，三民主义就是：国家是人民所共有，政治是人民所共管，利益是人民所共享的主义。就是民有、民治、民享这六个字。

有人说：三民主义一百岁了，太老了，已经过时了，只能放在博物馆里供人欣赏。

我们要回答说：不！对于许多东西岁月并不能减损它们的价值，例如：葡萄酒越陈的越好，古董是越旧的越好。而人类的思想史具有这种特质，人们常说 "月亮底下无新事"，这句话用于人类的思想和智慧最为贴切。谁会不知道：亚里斯多德、苏格拉底、孔子、老子、韩非子等古代思想家的智慧和思想，是绝大多数当代人所无法攀比的？谁会不承认：唐诗、宋词，就是格律诗词无法超越的顶峰？《圣经》、卢梭的《民约论》、洛克的《政府论》、孟德斯鸠的《法的精神》都是比孙文学说陈旧得多的思想和学说，然而它们至今还是当代民主、先进国家立国的智慧、精神和思想。这难道不是众所周知的吗？

有人说：三民主义是台湾国民党的招牌和意识形态，在台湾还能起点作用，对大陆是毫无意义的。

我们要回答说：不！孙文是中国的骄傲，是中国人的楷模，是中华民族之民族精神的象征。孙文学说是中国人智慧的结晶，是不崇洋媚外的独立思考精神的典范，是中国人的国魂。三民主义属于全中国人民，它不仅有助于台湾的振兴，更是解决全中国问题的根本办法。

今日的中国，民族危机深重，西藏、新疆的分离活动日益严重。其根源在于共产党与民族主义原则完全背道而驰，用"霸道"的办法压迫各少数民族，使中华民族的融合与同化过程发生障碍，使民族分裂的威胁笼罩在中国人的头上。

今日的中国，党权坐大，共产党一党专政的残暴统治压迫着包括各少数民族 在内的大陆所有民众。共产党用民主、自由的口号欺骗了中国人民；用假民主复辟了专制制度；用所谓的无产阶级专政扼杀了人民的主权；用党权代替了君权，中断了孙中山先生开始的民权建设，人民的民权不是徒具虚名，就是被彻底 剥夺。由于大陆的可悲现实，台湾渐行渐远，少数民族地区的分裂倾向日益加强，使国家分裂的危险笼罩在中国人的头上。

今的中国，衣食住行、教育、娱乐等各类民生问题积重难返，危机四伏。在共产党统治的前三十年，共产党创造性地把苏联那一套政经合一的制度强加给中国，把中国和中国人民当作实验品 。犯下了饿死几千万人的历史罪行。后 二 十年，共产党在经济崩溃、民不聊 生、满目疮痍的情况下，被迫改革开放 ，虽然取得一点经济上的表面繁荣，却使各类深层次的民生问题日益严重。创造了拜金主义、道德败坏、贪污腐败、两极分化、生态破坏、工人失业的历史记录。问题的根本就在于共产党只有所谓的党性，而没有人性，只有一党的统治利益而没有民生的观念。

可见，实行民族主义以解除民族危机；实行民权主义以确立人民主权；实行民生主义以解决民生问题，实在是当代中国的必由之路。而其中实行民权主义确立人民主权是解除民族危机，解决民生问题的关键所在。

对全体中国人而言，二十世纪是国民革命兴起而又遭遇挫折和失败的历史，也是共产主义革命兴起、失败和苟延残喘的历史。二十世纪是三民主义和共产主义搏 斗的世纪。在新世纪开始的时候，我们敢说，上一个世纪的历史证明：孙中山是正确的，共产主义不适合中国，共产主义是一个残害中国人民的主义。事实上，共 产党自己也抛弃了马列主义，只是还在利用马列主义作为幌子以证明自己统治权力的合法性和合理性而 已，共产党实际上已经是一具没有灵魂的躯壳。

所以，关于三民主义与当代中国的关系，我们要确定地回答说：三民主义没有过时 ，三民主义是当代中国结束中共一党专政 的思想武器；是当代中国的立国精 神之所在；是当代中国走向繁荣昌盛的坚固磐石。这就是结论！当然，三民主义不是封闭、僵化的思想体系，我们在继承、弘扬三民主义的时候，必须面对今天的现实发展三民主义。但三民主义的基本立场和根本原则是正确的。

一九一五年的二次革命失败后，孙中山先生领导的中国国民党从广东一隅开始，高举三民主义的旗帜，最后北伐胜利。

今天，中共虽然还窃据中国大陆，但民心已失，其处境比起当年的北洋军阀确实也已经好不到哪里去。邓小平的六四大屠杀与段祺瑞的三一八惨案相比，更是人神共愤。大势所趋，今天人民纷纷在谈论经济、文化和政治第二次北伐。中共一党专政制度的垮台是不可避免的。

但是，一党专政的结束并不直接等于中国的复兴。中国的复兴，有待于三民主义的复兴和国民革命的最终胜利。

当有人说："中华民国在台湾"的时候，我们要明确地回答：不！一千个不！虽然这的确非常可惜，今天的台湾政府顶着中华民国的国号，却要背离整个中国；台湾的国民党继续挂着中国国民党的招牌，却推卸对整个中国应尽的义务，不敢理直气壮地弘扬三民主义，不敢向共产党的专制暴政挑战。台湾不是国民革命的基 地。这是对中华民国的阉割，这是对中共的投降 。

真正的中华民国一定是在全中国。 三民主义的种子还留在中国人的心里，国民革命的火星还没有灭绝。大陆和流亡海外的学者和民主战士，在痛苦的历史反思中，重新找到了三民主义，三民主义和中国的国民革命已经开始在死灰中复燃。《谁是新中国？》一书的出版就是中国人民历史反思的重要成果 ，而《黄花岗》杂志的问世，就是三民主义开始复兴的证据！就是新的国民革命即将兴起的信号！

孙中山先生认为君权时代之后就是民权时代。他过于乐观了，他没有料到中国和许多国家在君权时代和民权时代之间还有一段党权时代和军权时代的插曲。但孙中山的预言无疑是千真万确的，他说："将来无 论是怎样挫折，怎样失败，民权在世界上 ，总是可以维持长久的。"

"革命尚未成功，同志乃须努力！"这是孙中山先生的遗嘱，这仍然是深沉的历史召唤。让我们杨起三民主义的风帆，鼓起国民革命新的大潮，走孙中山民主建国的道路，确立华侨是革命之母的观念，地不分港、澳、台、大陆、世界各国，人不分藏 蒙回满苗汉、流亡者、留学生、新老移民 ，形成国民革命的大阵营。

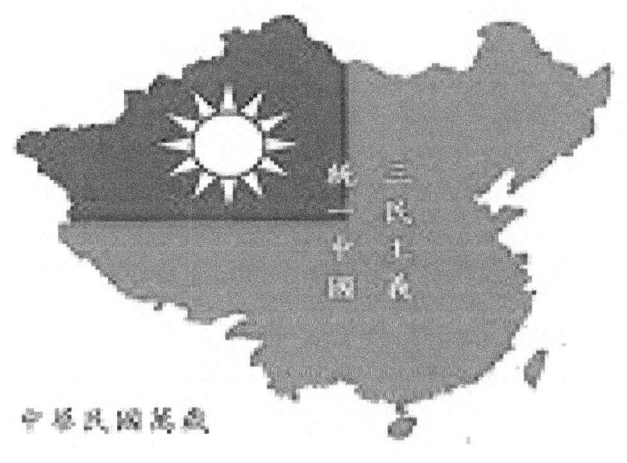

纪念孙文与国民革命

林牧晨

在纪念孙文 150 周年诞辰前夕，中国国民党主席一行从台北飞到南京拜谒了中山陵。按理，纪念孙文，就该着重于国民革命、三民主义、中华民国这三大标志性伟业，否则谈什么孙文？但此次谒陵者却面对中山陵，避谈中山业，徒有其国民党之身份耳。

"革命尚未成功，同志仍需努力"------此乃纪念孙文之要义。国民革命、三民主义 、中华民国，其核心原则就是消灭专制特权、实施民主宪政。从同盟会、光复会、 中华革命党---------到中国国民党，都是旨在于民主革命、都是与专制独裁势力不共戴天的，为此而不惜流血牺牲前赴后继者何止千万！

孙黄十次起义、辛亥武昌起义、反袁护法战争与二次革命、北伐战争、抗日卫国战争、反共卫国战争、坚守台湾基地 与准备反攻大陆，目标只有一个： 民主共和。违背此目标，就不是真正的国民党，就没资格纪念孙文！

令人遗憾的是: 近二十年来，留守台澎金马的中华民国政要一步步偏离了民国的原则。深受大陆民众欢迎的对大陆广播【自由中国之声】沉默了，"三民主义统一中国"的口号渐渐消隐了，甚至把"中国"两字拱手让给敌方为专利，从此日渐自我矮化、边缘化。明明是中共发难破坏了统一、制造了国土分裂、颠覆民国制造了"两个中国"，台湾政要却摆出一副向篡国者认同"共识"示弱讨好、承诺甘被"统一"求和乞降的姿态。辛亥革命一百周年纪念不敢提"辛亥革命"，以"建国百年"甚至"精彩百年"来搪塞 。多年来，就"一个中国"、"两个中国"、 "一 边一国"、"一国两府"、"一国两区"、 "中华民国在台湾"、"中华民国是台湾"、 "台湾是一个国家，只是国号为中华民国" 、"一中各表"、"一中同表"、"宪法一中"等概念搞得七荤八素，反映出在台海一隅 ，民主革命已后继无人、民国大业将毁于内部的可忧虑前景。

从历史演变的几个关键来看，民国政府收复台湾是光荣的胜利，"228"事件的实质是保卫国家平定叛乱，理所应当；只是错在其后矫枉过正使许多无辜者受害。49 年以后的戒严，实为弱者抵抗中共强势威逼之必须。与此同时，台湾地区从 50 年开始地方选举，逐步从军政、训政步入宪政，最后进入政党轮替的高度民主阶段；台湾经济成功起飞，排名于亚洲前列。文化领域也展现出自由开放又继承传统的盛况。这一切都证明了以两蒋为代表的自由中国—中华民国的正义性、合法性、先进性；此约三十年间的成就，国民党居功至伟。

由于台湾退出联合国、邦交国递减、国际民主阵营对中共政权倾向于绥靖主义、机会主义和实用主义，自李登辉执政后，否定民国的思潮逐渐抬头。其实，所谓的"台独"既不合逻辑也不合法理: 中 华民国本来就是独立的民主共和制主 权国家，要说独立，只有指其一部分地区脱离台北政府才说得通。（例如苏格兰对英联邦独立、魁北克对加拿大独立）。

两蒋时期的"反台独"其实是针对反叛中华民国的势力而言的，当时（228）首先发难对"外省人"大开杀戒者中包含着共产党（谢雪红等）叛乱势力、日本侵华军（退回与留居台湾者）残余势力等敌对势力。此外还有"皇民"及日治时期获利者的对抗、因语言等因素未能获得职业者的不满、及地方族群派系势力对民国"外来政权"和"外省人"的排斥。

为 228 冤死者平反具有积极的意义，但如马英九的道歉等等做得实在太过头，几乎等于默认了叛乱者推翻中华民国 的合理性。

民国信念的弱化，抗共御敌意识的淡化，伴随着部分官僚贪禄逐利的"纵横术"，使国民党迅速分裂虚弱。记得 95 年到台北观光，几个政党都争相表白自己是真反共、最反共。但曾几何时，那些当年信誓旦旦反共到底的精英们早已面 目全非。新党、亲民党走"借共升级"的机会主义路线，绿营也不乏"联共灭蓝"的操盘手。连、宋、郁、谢在大陆的表现是变相投共叛国，"马习会"、"洪习会"是自欺欺人的与虎谋皮。

国民党的败选尚未使太多党干幡然醒悟：国民党的难关并非失去党产，而是失去了党魂，失去了国格，失去了光复大陆的理想，失去了持续百年的革命热情。

有诗曰：损失财产，损失无几。损失生 命，损失至巨。丧失信仰，丧失一切；与其如此，毋宁死去！

中华民国是亚洲第一共和国，是二战胜利国和联合国创始国，其辉煌的历史不仅仅是历史的辉煌，中华民国的共和法统绝不会因大陆的沦陷沦落与台湾的自残自戕而尘封湮灭。中国大陆的一党专制是迟早要灭亡的，中国国民党只有在光复大陆的征程中才能浴火重生。而且，如果国民党萎缩成不成气候的"台湾国民党"，那么在大陆和海外就一定会涌现出千千万万个"中华国民党"党人，高举起青天白日旗，投入三民主义统一大陆、中华民国光复大陆的人类历史上最伟大的事业。

一段时期以来，台湾、海外、大陆，都有人在鼓吹"告别革命"，否定民主的普世价值，吹捧党国红朝的强大专制，放地污蔑孙文、蒋中正，贬低国民革命和中华民国，歪曲抗日卫国战争的历史，为十恶不赦的中共贴金。所有这些沉渣泛起的浊流都向着消灭中华民国的方向涌动着。有不少人相信台湾即将变天，青天白日旗会降下，绿岛旗成为国旗，五星旗、日本旗也会在台北风光一时----- 许多"识时务者"会说："大势所趋嘛"！也许，这并非不可能，历史上并不缺少类似的悲剧闹剧。

但我更相信：未来自由统一的大中华将是青天白日旗的天下，中华民国政府将是中国"唯一的合法政府"，所有中国人将是手握选票的国家主人，孙文是中国永远的国父。

预读

辛灏年新著《革命的理論和方略》　　辛明

编者按：关于"光复民国"已经成为许多为中国民主运动奋斗的实践者的共识。但是，如何在当代历史情景中履行光复民国的使命还在摸索思考阶段。 著名的民国史专家辛灏年以极大的诚意和百倍的努力，研究和提出了他个人的和平革命的理论和方略，作为引玉之砖，供所有关心祖国、民族和人民命运和前途的人参考和指正。

《谁是新中国》的民国史专家辛灏年已经 发表过三百多万字的作品、做过二百五十多场讲演。他即将出版的新作《革命的理论和方略》将是他最重要的著作之一 。应该说，《革命的理论和方略》与《谁是 新中国》具有同样举足轻重的历史意义。 它相当于《谁是新中国》的续篇。如果说 ，《谁是新中国》谈的是历史；《革命的理论和方略》则讲的是未来。如果说，《 谁是新中国》告诉我们过去曾经发生过什么 ，什么是它的真实面貌。 《革命的理论和方略》将指导我们在将来应该做什么、怎么做。如果说，《谁是新中国》以雄辩的历史事实彻底否定了中共极权统治的历史合法性，那么《革命的理论和方略》就以科学的设计对推翻这个邪恶专制政权作出了具体的指导。

***

对辛灏年的《十大方略与去党留政》进行简要评述：

在全文开篇的作者题记中，辛灏年写道： "我心中挂念着故国的山河与百姓，明了当今的腐朽和危机，深知共产党只要多捱一天，我们的民族、国家和人民就要遭遇更大的灾难，甚至万劫而难复。所以「病」后我几乎没有休息，更以「我不畏死，何以死惧我」的心态，开始整理二十年前我从国内带出来的《和平革命纲领》等系列文稿。因为我们需要和祖国「危险的命运」赛跑，要勇敢地跑到祖国「可怕的劫难」前面去，在坚定的国民革命奋求中，去堵住巨大民族灾难的可能发生……"

作者在这里充分表达了自己爱国爱民的革命情操和国难当头的紧迫感。那么，如何"和祖国「危险的命运」赛跑"，怎么"跑到祖国「可怕的劫难」前面去"，用什么方法"堵住巨大民族灾难的可能发生"呢？

辛灏年提出了"去党留政"、和平革命的"十大方略"，即"去党留媒"、"去党留军"、"去党留政"、"去党留党"、"去党留教"、"建立全国各级「协调委」和人民「自约」组织"、"解放城市共产奴工 ，实行工权、人权和民权平等；变土地「党有」为「民有」"、民主选举和人民公决"、"解决境内民族和地区问题"、"保卫和平革命、捍卫疆土完整"。

笔者把它们的具体涵义抽其概要简述如 下：

去党留媒：去除新闻媒体中之中共党组织，开辟新闻自由的新时代。对原媒体中之中共党组织成员采取宽容的姿态；有专业能力者，可以相应担任同等业务工作，无专业能力者，暂时保留其基本待遇不变，安置合适工作。

去党留军：废弃军中各级党组织——党委、党组、党总支和党支部；废弃军中级政治部，废弃政委、教导员、指导员等军中政治职务，全面实行军队的「非党化」和「国家化」。对于原军中党组织工作人员，保留军衔，保留待遇。愿意并有专业能力担任军事指挥职务者，可平级安排，不愿或无专业能力担任军事指挥职务者，可任其选择退休、转业。退休转业后待遇不变。

去党留政：在政府、人大、政协、公安、检察、法院、司法、国安、银行、税务、商业、外贸等各级政府机关、民意机关、司法部门、安保机关、财税机构和商贸部门中去除共产党，变原共产党政府及其部门为「看守政府」，维系正常的外交与内政，保持行政事务的连续性。建立各级「国民基金组织」，制定对前党政贪腐官员及其贪产的处理办法。将经过审验确证的「贪产」用以「济贫」，并用于和平革命进程中的不时之需。

去党留党：在各民主党派和各地各级工会、工商联、妇联、共青团、青联、文联、体委以及所属各协会、各社会团体中去除中共，各自恢复自己作为政治党派和民间社团的政治功能和社会动能，取消中共一党独大的马列邪教统治。开放党禁，自由结社，再造中国民间社会。

去党留教：去除各级政府教育部门和各级学校的共党组织。各教育机构和大中小学维持正常行政和教学工作。原党组织成员中有专业水平者，可平级担任行政或教学工作。不能胜任者或不愿留任者，可以任其去留。在「过渡期」保证他们原基本薪资不变。杜绝误人子弟、造乱社会的「停课闹革命」，绝不以发动学生运动的方式来号召学生参加和平革命。但鼓励大中学生用文明方式支持和平革命，成为和平革命的义务宣传员。

建立全国各级「保卫和平革命协调委员会」（「协调委」）和「人民自约委员会」：各级「协调委」是和平革命过渡期的民选权威组织，致力于捍卫和平革命的有序进行，并协调各类各派政治力量。由民众自组的「人民自约委员会」则以各种方式宣传和平革命「绝不以复仇共产党为能事」，杜绝有可能发生的复仇共产党事件，以保证和平革命的顺利而有序地进行。

解放城市共产奴工，实行工权、人权和民权平等；变土地「党有」为「民有」：各地「去党」后的「看守政府」在「协调委」的监督下，立即取缔对城镇共产奴工及其「苦二代」的所有不平等待遇，立即全面实行户籍平等制度，消泯社会对他们的所有不正当歧视，不公平待遇，实行「工权、人权和民权」平等。暂时以一九七九年农村包产到户时所划分的土地，作为每户农民的「私田」，严禁非法圈地占地。支持平民百姓建党结社，鼓励他们参加和平革命，以期他们成为和平革命的重要力量和社会基础。

民主选举和人民公决：在和平革命局面稳定以后，各级「协调委」在完成自己的历史使命之前进行民主选举，选举各级「临时国民议会」和「临时国民政府」。各级「临时国民政府」和「临时国民议会」一经选出，各级「协调委」即停止 工作，「看守政府」即宣告结束。重大问题由人民公决决定。人民公决的第一个问题可以是"是否允许共产党在中国继续 存在"。

解决境内民族和地区问题：在「主权是主权，人权是人权，民权是民权，族权是族权」的前提之下，分门别类地解决 各种现存的复杂问题，实现「民族平等，宗教自由」。中国境内各民族必须「互相平等相待」；各民族的信仰，各个民族之不同族群和不同群体的信仰，均不得压迫其他民族、其他族群和其他群体的信仰。由此而真正获得信仰自由，思想自由和宗教自由。

保卫和平革命、捍卫疆土完整：和平革命期间，正常的外交问题，正常解决；特殊的外交问题，特殊解决。秉持「真诚、灵活、无畏」之三原则。就某种程度和某种范围而言，要将解决国内民族分离和解决国际干涉方略「同一」化。对共产党和原中共「看守政府」可能的卖国行为，必须保持高度警惕，出现问题 ，及时解决，绝不留祸患于和平革命， 更不能将痛苦留给全体国民。

辛灏年"去党留政"、和平革命的核心思想是："取缔中共政党组织，但保留中共 各级政府作为转型时期的看守政府，并由人民选举产生的各地各级的协调委员会对它进行监督"。"去党，针对的是中共组织而不是中共党员；留政，包括对政府、军队和各种事业单位的保留。"这样就可以消除中共党员对和平革命的恐惧心理，防止他们为了保护自己的利益而对任何变革做拼死的抗拒，从而可以做到：天下不会大乱，国家不会分裂，人民不会遭殃，而且任何勇于抛弃共产党 、愿意悔过自新的人都仍然有稳定可靠的未来。

为了保障在和平革命转型期间的社会安宁和稳定，辛灏年强调：对于任何"去党 留政"期间被"去"掉的各行各业工作人员，无论地位高低、职务大小，"有专业能力者，可以相应担任同等业务工作，无专业能力者，暂时保留其基本待遇不变，安置合适工作"。这是防止共产党的各级工作人员为了保持个人的生活状况而敌视和反抗和平革命的有效措施。

"变革期暂停执行死刑，留待全国进入民主秩序状态之后再予以重新审理执行"，从而防止出现任何形式的革命暴力有可能造成的生命损失和人心浮动，并且从根本上杜绝滥砍滥杀引起的混乱。

在和平革命期间建立各级「人民自约委员 会」。让"自觉自能，并富有积极宽容、 耐心周到的工作作风"的自愿工作者"以各种方式宣传和平革命「绝不以复仇共产党为能事」（参阅辛灏年《假如孙文活 在今天》一文，刊于《黄花岗杂志》 2002 年总第三期），对完全可能出现的复仇共产党事件，加以预防；对已经出 现的复仇共产党行为，予以规劝和协助解决；鼓励国民万众一心，以保证和平革命的有序进行和顺利进行。"

鉴于毛泽东和中共一贯使"用明暗两手动学生运动以造成社会混乱的痛苦历史",辛灏年主张"绝不以发动学生运动的方式来号召学生参加和平革命。"他强调"在整个和平革命期间,全国各大中小学均需正常上课","彻底杜绝中共误人子弟、造乱社会的「停课闹革命」"。

在有序实行"和平革命十大方略"过程中贯彻执行以上原则,就可以达到「天下不会大乱,国家不会分裂,人民不会遭殃,敢于去党者仍有前程可言……」的结果。

辛灏年以极大的诚意和百倍的努力,研究和提出了他个人的和平革命的理论和方略,作为引玉之砖,供所有关心祖国、民族和人民命运和前途的人参考和指正。所以,他以《「和平革命建议案」述要》作为这篇文章的副标题,并且说:"我们为「建议」而提出的「方略」,也不过是抛砖引玉而已。目的,还是期望国人能够群策群力地完成自己不可推卸的国民革命使命。"

(2014-12-10 日)

註:简评辛灏年新作《十大方略与去党留政》 原载于《黄花岗》杂志第四十九期。此文在选用时,略做删减)

~~~~~~~~~~

推特短文选 之一 :

中华民国光复者 @roclove2020

【民国历史须知】

在近代中国革命史中,基督教扮演著重要角色。国父孙中山是基督徒,有许多革命党人士(同盟会即中国国民党前身)也是基督徒。基督信仰给了革命人士很大的精神勇气。孙中山在英国被清廷绑架又被拯救。国父认为是上帝应允了他的祷告。

光复中华民国必须光复中华文化

孙云

世人一般认为，中华民国的衰败始于 1949 年，其实这只是中华民国实体衰败的外在表现；而中华民族内在民族精神的丧失，是始于 1915 年所谓"新文化 运动"（废除汉字）至 1919 年在"爱国主义"口号下全面否定中华文化的" 五四运动"（砸烂孔家店）。

丧失了民族精神：中国的共产党人在共产主义的蛊惑下，以作共产国际特工为乐，以卖国为荣。辛灏年先生写的《 谁是新中国》通过比较，从历史的进步 性，及中共大量假抗日真卖国的历史事实，确认中华民国才具有历史的合法性，才是真正的新中国！法轮功学员徐沛写的《鲁毛已死红祸未已》则揭露了鲁迅文化特工的真面目！

丧失了民族精神：中共在窃取大陆后，进一步破坏中华传统文化。毛泽东发动的所谓"文化大革命"就是对中华文明的一场浩劫！可悲的是，早已丧失中华民族精神的中共愤青，还要高举假爱国主义大旗欺骗世人！

丧失了民族精神：本是中华民族正统传承的中华民国，不仅丢掉了中国大陆 ；退守台湾后，虽然总结了在大陆失败的许多原因，但就是对丧失民族精神的重要性认识不够；由于对"新文化运动"" 五四运动"全盘否定中华文化的流毒没 有全面的肃清，才导致如今的台湾虽然拥有中华民国的名号，却处处逞现出"媚现出"媚共去中"的怪象！

民族精神的丧失，是中华民国被苏俄共产国际组织领导的中共渗透颠覆的主要原因；也是已经在台湾确立了民主制度的中华民国，不仅不思反共复国，还媚共投共去中求独的根本原因！

历史为证：中华民族源远流长，五千年一脉传承的是礼、义、廉、耻的王道文化；从三皇五帝的天下为公，夏朝的家天下，周朝的分封，秦朝的郡县制中央集权，到国父孙中山创立中华民国的共和制；体现的是文脉不断而制度常新。

中华民族传承的是王道文化，变更的是与时俱进的制度。中共专制复辟逆世界民主潮流；苏联已成历史， 中共不会长久！

悠悠中华，其命维新！

回望民国的荣光
炳日星

在中华历史 5000 年的长河中，民国不是最辉煌的盛世王朝，然而这却是一个举步维艰、战火纷飞、英雄辈出、大师辈出，以"民族、民权、民生"闪耀于列强、军阀、侵略、赤匪中的时代。这个时代，有英雄的力挽狂澜，有烈士的冲锋摧敌，有精神的重塑复兴，有共匪的红祸东渐……这个时代，让人悲愤、让人向往、让人感叹、让人痛心……最重 要的是，这个时代，留给中华儿女无尽的荣光与复兴的希望。

一.民国物价：低廉

首先看看民国时期的物价情况。上海巡警月薪 10 至 13 元，巡长 16 至 18 元，工人的月薪 20 元左右；技术工人、小学教师、护士等，月收入超过 50 元； 中级职员、工程师、中学教员、医生、记者、作家、律师和一般演员，月收入一两百元以上；而教授月收入高达 400 元。

1927 年的上海，14 元可买 200 斤米， 3.30 元可买 44 斤面粉，切面 1 斤 0.07 元，猪肉 1 斤 0.28 元，棉花 1 斤 0.48 元，煤炭 1 担 0.14 元……

在上海租房，石库门一层楼，有电灯、 自来水，月租 10 元；住客栈，每一铺 位 3 角 5 分至 6 角。在北京，四合院， 房租每月 20 元；一间 20 平米的单身宿 舍，月租金 4 至 5 元。在便宜旅馆包吃包住 1 个月仅需 3 元就可以。

金价，上海 1920 年每两 21 元，1927 年 37 元；汉口 1920 年每两 38 元，1927 年 65 元。

1949 年以前，每名大学生不仅是免费教育，还可获得教育部的 20 元助学金，这些钱除了自己花费外，还可补贴家用。但受共产党的蛊惑，学生们还上街高喊"反饥饿、反迫害"。中共建政后，助学金立刻没有了，伙食下降到可怜的程度。

二.民国教育：中西兼容的典盛时期

不可否认的是，民国时期的教育是中西兼容的典盛时期，在文化与教育方面，有过太多的探索、太大的价值。最值得称赞的是，在延续和恢复传统的同时，迎来了一个更加尊重多元价值的开放时代。

民国时期的新文化风起云涌，传统国学也是云蒸霞蔚，二者相容并济，架起了中西文化的桥梁。民国培育了现在史上灿若星河的文人志士，形成了现代史上不可不看的文化风景。其中以胡适为代表的大师正是新文化和传统道德的最好融合印证——"新文化中旧道德的楷模，旧伦理中新思想的师表"。

在新式学堂中，民国的教育注意古代礼俗，通过修身教育，来教育人如何在社会中与人交往。民国教育在精神启蒙方面，也迎来了新的突破，被视为"黄金教育"。在当下，重温民国老课本，如由教育大师叶圣陶等编写、绘画大师丰子恺等配图的《开明国语课本》，成了教育界的一种风潮。

今天，在大陆，刮起一阵"民国风"，吸引了一批"民国粉"。"民国粉"们喜欢谈论当年北大如何，清华如何，西南联大如何；"民国粉"津津乐道民国时期的中国人穿着打扮如何，言谈举止如何，志趣高雅如何……

文化创作方面，民国电影《马路天使》、《一江春水向东流》展现的人物气质，为一代人所喜爱。大陆著名画家陈丹青评论《我的祖国》歌词说："这种歌词的写法、爱国的爱法，其实是民国的。当时的词曲作者与合唱演员，是民国人，歌声里那种情感，也是民国式的，此后这等朴素真挚的歌词硬就是写不出来——到六、七十年代，革命歌一股庆气，现在的唱法，那是又土又俗的妖气了。"

三.民国经济：创"黄金十年"奇迹

在孙中山总统《建国方略》的指导下，1927 至 1937 年，蒋中正总统统治下的民国政府进行了"艰苦建国的十年"，推动中国走上了被历史学家称为"黄金十年"（Golden Decade）建设时期。

1951 年，前盟军中国战区参谋长美国魏德迈将军在国会说："1927 至 1937 年之间，是许多在华很久的英美和各国 侨民所公认的黄金十年。在这十年之中，交通进步了，经济稳定了，学校林立，教育推广，而其他方面也多有大幅度进步的建制。"（《中国现代史辞典》，一九八七）

战前的年代也正好是中华民族的内部建设搞得最好、国家最有希望的时期。
1936 年中国人均占有标准粮 529 斤，当年世界平均水准为 502 斤，1934 至 1938 年间中国粮食平均亩产 213 斤标 准粮，世界平均为 163 斤，1936 年中国劳均产粮 1725 斤，比 1951 年还高出 14.3%。

1913 年中国现代工业企业共有 698 家，资本总额 3.3 亿，到 1920 年，增加到 1759 家，资本总额 5.62 亿。1914 至 1920 年间中国现代工业平均年增长 率 13.8%，钢铁、采矿、水泥、机器制造等重工业出现了一些大型企业。1931 至 1936 间，中国工业成长率平均高达 9.3%。

"而最显着的成绩，尤在交通与财政政策。以交通而论，由清末至民国十六年凡四十八年间，共筑铁路八千三百公里，而民国十七年后十年之内，增筑铁路至七千三百公里，尤其是公路建筑竟达十万公里以上。电讯的建设亦有成绩，而以全国电话网的敷布，在三万三千公里以上，最为显着。以财政而论，则裁釐金，平税率，修改海关税则，整理内外公债。于货币，则废两改元，尤以统一币制，实行法币政策，奠定了国家统一与独立的基础。"（蒋中正《中国之命运》第四章《由北伐到抗战》）

这一切的得来却是不易的。从 1927 年 4 月 18 日国民政府定都南京, 到 1937 年 11 月 20 日国民政府移驻重庆, 这 10 年里, 中国几乎天天都在打仗, 前五年北伐、中原大战、九一八, 后五年剿共、宁粤分裂、闽变……当时政府在

国家预算中每年要负担的前清遗留国债占 32%, 军费支出占 40%, 建国经费不到 30%。然而经济得到了迅速发展, 人口也奇迹般地从 1911 年的 4.1 亿增加到 1936 年的 5.3 亿和 1949 年的 5.4 亿。

林语堂在《吾国与吾民》中说: "战前的年代也正好是中华民族的内部建设搞得最好、国家最有希望的时期……战争 爆发前的十一年间, 他(蒋公)使南京政府变成了中国稳定的国民政府, 成为中国内部进行重新建设的基础和中心。""日本试图'打倒蒋介石政府'就是在试图破坏第一个强大的、团结的、现代化的、能够力挽狂澜的中国政府。"(林语堂《吾国与吾民》)

四.民国精神: 民族精神得以复兴

民国时期, 在蒋中正总统的倡导下, 进行了新生活运动。"亲爱精诚"、"礼义廉耻"成为民国精神的主流, 民国在"挽救 堕落的民德和人心"方面做出巨大努力。

林语堂景仰蒋介石: "他是一个严以律己的人, 既不吸烟, 也不喝酒, 连茶也不喝。他光干不说, 召集会议时自己不发言, 静静地听别人讲, 把他们送走后, 自己再作决定。他可以站在夏日之下, 给下级军官接连演讲几小时。他很少顾忌个人安危, 一旦需要, 他就冒着生命危险出现在前沿阵地上……"

五.民国功绩: 抗战成功光耀千秋

抗战成功, 是中华民国历史上最振奋人心、最大的正面成果。艰苦卓绝的抗日战争是中华民族反抗侵略之战, 也是中华民族历史上最伟大的卫国战争。抗日战争正面战场, 中国国民政府领导下的国民政府军(兵力最高时达 500 万人)与日本侵略军共有 22 次大型会战、1117 次大型战斗、小 型战斗 38931 次。抗战的胜利, 完全是中华儿女用鲜血和生命换来的。 每每读到这段历史, 不觉胸中翻涌, 脑中浮现淞沪、台儿庄、长沙、武汉…… 金戈铁马、杀声震天的战斗场面! 壮哉!

"这场(民族)解放战争依赖蒋介石的领导素质和策略的地方太多了。""他每一步都算计对了。他对即将到来的抗战的性质, 能够作出正确的、有远见的理解, 这使我感到佩服。他不愧是民族危亡时期的一位民族领袖, 他内心的睿智 和道德品质无论过去还是现在都是能够适应形势的。"(林语堂《吾国与吾 民》)

六.民国政治: 播下宪政种子

大陆近期出现的怀念民国、推动民国回归的"民国热", 与人们对民国宪法的研究、对民主宪政的渴望分不开。民国在政治上虽然没能建立成功的宪政, 但确实播下了种子,

今天台湾地区民主化的进步不能说与此无关。最后以蒋中正总统在中华民国三十四年十月九日于重庆的题词共勉：

战胜强权，复兴中华。协和万邦，威振迩遐。完成国民革命，建立平等自由大中华。

民族解放，民权吐葩。民生乐利，自由开花。实现三民主义，建立富强康乐大中华。

五权并立，五族一家。民国万岁，宪政孔嘉。厉行五权宪法，建立统一独立大中华。

——转自《看中国》

~~~~~~~~~~~~~

推特短文选　之二：

　✪天下为公　大中至正　@51_wrh
✪一寸山河一寸血　十万青年十万军　中华民国万岁　三民主义万岁　反共反独　驱逐马列　剿灭共匪　光复大陆　收复失土　还我河山　解救同胞　还都南京　恢复我们祖国的荣光✪

推特短文选　之三：

我以我血献青天　@nrapwsoilder

刻苦、冒险、忍辱、负重，我们是革命的政工，我们是反攻的先锋　三民主义的真理，指引着我们向前冲！

推特短文选　之四：
台湾复兴党官推：
你知道吗？
联合国常任理事国依然是中华民国！
你知不知道为什么开会时，给共匪的牌子上面写的是 China 而不是 PRC 呢？
你知不知道当年的所谓的联合国决议只是「建议」而不是法律呢？
你知不知道共匪只是非法占据中华民国的席次，而非共匪伪国本身是会员国呢？　知不知道共匪的霸占不具合法性？

辛亥革命与基督徒的信仰

卢维溢

辛亥革命在一百年前（即一九一一年）的十月十日发生，不但推翻了满清政府，而且结束了中国数千年的君权政治制度，进入「共和」时代。领导推翻满清政府的人物是孙中山先生。这位被称为现代中国国父的基督徒本来名叫孙文，在其建国大纲中勾划出一套治国哲学——三民主义：民族、民权、民生——其背后精神值得我们现今去研究和讨论。

基督徒为何要关注这个问题：什么是优良的民主制度、怎样才达到？事实上，过往无数的基督徒曾经问过这个问题，而现今运行得比较健全的民主政治国家，皆因大部份在过往几百年都有基督徒的直接参与，才可以建立和维持健全的民主政制，而辛亥革命其实也因为华人基督徒的积极参与才导致成功的结果。

根据国父孙中山的「三民主义」理论，辛亥革命不单是为了「民生」的改善和「民族」的自强，它也为了「民权」的建立，使中国人都有机会来管理众人的事。他对政治的理解是：「政」就是大众的事，「治」就是管理。当人民有平等的机会参与政治，就是拥有民权。他认为人类这世界已经在一千多年前从神权社会演进至君权政制，而欧美国家在十七世纪更已开始从君权政制演进到民主政制。他指出中国若要不落后于西方国家，一定要建立「共和」政制，推行民主理念。他的名言清晰地道出他的思想。「世界潮流（民主趋势）浩浩荡荡，顺之者昌，逆之者亡。」

明白了以上的观点，我们不难了解为何孙中山当时在香港得到相当多的人力物力的支持。他于一八八三年在道济会受洗，这教会是脱离西方宣教组织而「自立」的华人教会，它的会员之中不少是官绅名流，是社会上流人士，在中国需要民主这议题上十分支持孙先生。他们推动圣工之外，也关心国家大事，倡导政治改革的言论。该教会的牧师王煜初、传道人区凤墀、教友王韬、何启、胡礼垣不但劝诫和建议，也提供不少物力和财力。

也许你会问：为何这群基督徒有这样大的动力？可以肯定地说，这群基督徒知道生命的价值不在于物质丰富和家道富裕，乃在于得着和享受自由、平等和博爱。

先谈自由。孙先生曾说：「中国人不知自由，只知发财……如果用到个人，就成一片散沙。万不可用到个人上去，要用到国家上去。」（民权主义第二讲；民国十三年三月十六日）国父这句话不单可以提醒中国人，也可应用于现今欧美国民的身上。基督徒追求自由与一般人不同，因为圣经提到的自由与外边世界的理解是不一样（约八32）。圣经所讲的自由是跟随真理所产生的自由，而孙中山和这些基督徒所争取的是公民权利所包含的自由，包括宗教信仰带来的自由。

其次是平等。虽然圣经没有这样直接的词汇，但「人人本来有上帝的形象」、人人都是罪人、每个人都须要耶稣的拯救，这些都是基督徒众所周知的启示。基督教神学推理所及，人人在法律之下接受同等的看待、政治上的立足点是平等，这都是很多基督徒的信念。但孙中山也明白，由于天赋不一样，所以人的成就不可能平等或一样（民权主义第三讲；民国十三年三月廿三日）。对敬畏上帝的他来说，天赋就是神的恩赐，所以孙中山没有盲目追求欧美人士或共产主义者思维中那种自由平等意识，他只盼望中国人能够在政制和法律之下，人人有平等的参与机会和公平的法律保障。他这种理想可以在一九一七年年 一段说话中窥见：「各级官员视法律为粪土。人们仍被奴役着，被压迫着；共和国是自由之国，自由是人民的天赋人权。可是，民国六年来我们看到的是甚么？是只有当权者的自由。权力大的有大的自由……人民没有权力、没有自由。」

孙中山的第三样重要理想是博爱。基督教信仰指出耶稣基督为罪人而死，是神出于对全人类之爱的一种舍己行为。故此，基督教信仰引导人们视舍己为人性的崇高道德行为，而且推崇舍己是信徒应有的表现。照这样看，已经受洗的孙先生和参与亥革命的基督徒肯定是深明大义的人！ 他们相信透过政制改革，人人得以受惠也是一种博爱的表现，也是神赐予的普及恩典（common grace）。因此，三民主义中提倡「民生」的改善， 其实是博爱的一种作为表现， 借着政策的行使／运用，无论是在于贸易、税务、教育或医疗的改善，使社会上的人普遍可以得益。

孙中山深切了解当时中国人的缺点。他清楚知道「先知先觉的人」很少、「后知后觉的」也不多。不过，他坚信：中国人虽然大多数是「不知不觉」，但改变社会制度并非不可能。若非他那种「择善固执」的持久力，恐怕辛亥革命不能成为历史事实。透过辛亥革命，历史证明：只要对人类社会产生善良的效果，少数人的毅力总会见到成功。这些人不单不受社会的影响，反能影响和改变社会。 孙中山先生这样的信念，也应该是广大基督徒的信念。

辛亥革命是为了建立民主政制。 对于处身在民主社会（例如欧美澳纽）的华人基督徒，我们应该如何反省呢？也许多数人在享受众多权利之际不会理会社会制度这问题，但民主社会其实也有它的流弊，是我们不能逃避而需要面对、讨论和参与或表达的。虽然民主制度并非完美，它仍是比较顾及大众、多数人的利益， 而且能够让大多数人发挥其才干和潜能（圣经所讲的恩赐），这也是基督徒重视社会需要民主的一个原因—— 权利与义务（公民责任）的兼顾。

原载香港《时代论坛》

民国
纪要 启明

1905 年 8 月 20 日在东京，兴中会、华兴会、光复会等多个团体集合举行大会宣布成立中国同盟会。宗旨为：驱除鞑虏，恢复中华，创立民国，平均地权。 到会约 100 人，除甘肃尚未派留日学生外，其余关内 17 省均有人参加。 大会通过孙中山起草的《同盟会宣言》 和《同盟会对外宣言》以及黄兴起草的会章。经大会讨论通过的章程规定，以东京为本部所在地，总理以下分设执行 、评议、司法 3 部; 在国内外分设 9 个支部 (国内有东、西、南、北、中 5 个部，国外有南洋、欧洲、美洲、檀香山 4 个支部)，并在各省区成立分会。会上推举孙中山为总理，黄兴为执行部庶务长，协助总理主持本部工作。大会又通过以《二十世纪之支那》杂志作为同盟会的机关报，后改名为《民报》。

1894 年至 1911 年之间由兴中会和同盟 会共组织十次武装起义。

1895 年乙未广州起义 。孙中山率领郑士良、陆皓东等人，准备袭取广州。但是事机泄漏，清政府展开搜捕，陆皓东被捕牺牲。

1900 年惠州起义 。10 月 8 日，孙中山命郑士良等人于惠州三洲田 (今深圳市盐田区三洲田村一 带) 发动起义。

1907 年潮州黄冈起义 。5 月孙中山命余丑起义于潮州黄冈，历六日而败。

1907 年七女湖起义 。6 月孙中山命邓子瑜起义于惠州七女湖 (今惠州市惠城区汝湖镇) 。

1907 年防城起义 。9 月孙中山命王和顺起义于钦州王光山。

1907 年镇南关起义 。12 月孙中山命黄明堂起义镇南关，并亲临指挥。

1908 年河口起义 。4 月孙中山命黄明堂起义于云南河口。

1910 年广州新军起义 。2 月倪映典于广州发动新军起义。

1911 年黄花岗起义 。4 月赵声、黄兴等人在广州领导起义。 后收殓到 72 具烈士遗骸，合葬于黄花岗 。

1911 年武昌起义。辛亥年农历八月十八日，武昌革命党人因 制造炸弹不慎爆炸，致使彭楚藩、刘復基 、杨洪胜等被捕。八月十九日凌晨 4 时，3 烈士慨然写下"腥风血雨又新秋，满目江河带泪流，寄语神州群兄弟，来日勿负我丢头。"在督署东辕门外，慷慨赴义被当众斩首，人头高悬于城门示众。 革命党人不甘束手就擒，当日驻军武昌的新军工程第八营熊秉坤首先发难打响首义第一枪，各营响应，发动了辛亥革命，结束了中国三千年的皇朝统治。以阳历推算起来，正是 1911 年 10 月 10 日。民国元年 9 月 24 日经参议院通过，27 日正式公布将首义日定为中华民国国 庆日。国民党元老吴稚晖在《民立报》 撰文主张把国庆日命名为"双十节"使 国人便于记忆，双十节便由此诞生。

1911 年 12 月 2 日，武汉代表会制定了 《临时政府组织大纲》，定下总统选举的一系列规程。同日，革命军攻克南京，各省代表议决以南京为临时政府所在地。

1911 年 12 月 25 日，孙中山抵达上海，次日在其举行的高级干部会议中被推选为大总统候选人。12 月 29 日，各省都督府代表联合会代表在南京召开中华民国临时大总统选举会，选举孙文为中华民国临时大总统。

1912 年 1 月 1 日，孙中山发表《就职 宣言书》，宣誓就任临时大总统，中华民国临时政府正式成立，其组织方法依照 《中华民国临时政府组织大纲》规定。 1 月 3 日，举行各省都督府代表联合会， 通过了各部总长名单和孙中山提交的内阁成员名单，颁布《中华民国临时政 府中央行政各部及其权限》，并增选黎元洪为中华民国临时副总统。

1912 年 1 月 22 日，孙中山发表声明， 允诺只要袁世凯赞成共和，并促成宣统帝退位，自己即行辞职，且向临时参议院推荐袁世凯担任大总统一职位，达成南北议和。

1 月 28 日，中华民国临时参议院在南京成立，成为临时政府最高立法机关。 1 月下旬，各省都督府代表会议先后召 开两次约法起草会议，议定关于中央政体均采用总统制，由宋教仁起草《中华 民国临时约法》。

1912 年 2 月 12 日，清朝皇帝爱新觉罗溥仪退位，中华民国法理上继承清朝疆域。

1912 年 2 月 15 日，南京临时参议院选举袁世凯为临时大总统，袁世凯于 3 月 10 日在北京宣誓就职；2 月 20 日，南 京临时参议院选举黎元洪临时副总统。

1912 年 4 月 1 日，孙文在南京向中华民国临时 参议院辞去临时大总统职务。

中华民国北京政府被称为北洋政府，因这一时期以袁世凯为首的北洋军阀系统掌控政府系统而得名，以五色旗为国 旗，以《卿云歌》为国歌。

北洋政府大体可分为：袁世凯统治时期（1912 年 - 1916 年）、皖系军阀统治时期 （1916 年 - 1920 年）、 直系军阀统治时期（1920 年 - 1924 年）、 奉系军阀统治时期（1924 年 - 1928 年） 等 4 个阶段。

1913 年 10 月 6 日，议员被迫选袁为正式大总统。

1913 年 11 月 4 日，袁发布《解散国民 党通令》，并取消国民党籍议员的资格。

【二次革命】

1913 年 5 月初，国民党员江西省都督李烈钧、广东都督胡汉民、安徽都督柏文蔚通电反对袁世凯的善后贷款。随之孙中山领导讨袁的二次革命。江西省、 江苏省、安徽省、上海市、广东省、福 建省、湖南省、四川省等一度脱离北洋政府宣布独立。历时三个月，最后以北 洋军击溃革命势力告终。孙中山流亡海外。

1914 年 1 月，袁解散国会。

1914 年 5 月，袁公布《中华民国约法》，改责任内阁制为总统制。1914 年 12 月29 日，公布《修正大总统选举法》，规定总统任期十年，可以连选连任。

1915 年 8 月 14 日，有十三太保之称的杨度和孙毓筠等人成立筹安会，发文支持施行君宪。

9 月 1 日，参政院开幕，请愿团纷纷向参政院请愿施行君宪制。

12 月 12 日，袁世凯宣布接受帝位，推翻共和，复辟帝制，改中华民国为"中华帝国"，并下令废除民国纪元，

改民国 5 年（1916 年）为"洪宪元年"，史称"洪宪帝制"，筹备登基。

12 月 25 日，唐继尧、蔡锷、李烈钧在云南宣布独立，护国战争爆发。

1916 年 3 月 22 日，袁世凯在内外交困之下，宣布取消君主立宪国体，退回各省区推戴书，所有筹备事宜停止。中华帝国随之流产。5 月下旬袁世凯忧愤成疾，同年 6 月 6 日，因尿毒症不治而亡。

第二任总统黎元洪 （1916.6.6 – 1917.7.14）（期间 1917 年张勋以调停"府院之争"为名，率兵进入北京，于 7 月 1 日 与康有为拥溥仪复辟，但 12 日为皖系军阀段祺瑞的"讨逆军"所击败，逃入荷兰驻华公使馆。后病死于天津，谥号忠武。）

第三任总统冯国璋 （1917.7.6 – 1918.10.10)期间爆发护法战争,史称【三次革命】1917 年 7 月 17 日孙中山 领导在广州建立护法军政府，反对段祺瑞主导的北洋政府，采取维护《中华民 国临时约法》、恢复中华民国国会的护 法战争行动，史称护法运动。（1917 年 —1922 年）战争于 1917 年 10 月在湖南展开。

第四任总统徐世昌 （1918.10.10 – 1922.6.2)他标榜"偃武修文"，下令对南 方停战。

1919 年 2 月于上海召开南北"议和会 议",但无结果。

10 月,命徐树铮率西北边防军第一师 进入外蒙古,以武力迫使其在 11 月 17 日正式取消自治,回归中国。

黎元洪复任 (1922.6.11 – 1923.6.1)

第 五 任 总统 曹锟 (1923.10.10 – 1924.10.30) 1923 年 10 月 5 日曹锟通过贿选高票当选,否认前两任总统,称第三任总统。

第六任总统 (临时执政) (1924.11.24 – 1926.4.20) 张作霖 (1927.6.18 – 1928.6.3) 1927 年 于北京就任中华民国陆海军大元帅,行使统治权,北洋政府最后一个统治者。 1928 年 6 月 4 日,张作霖乘坐的火车在皇姑屯被日本关东军预埋的炸药炸毁,史称皇姑屯事件。张作霖身受重伤, 当日回到奉天(今沈阳市)后身亡。

【三次革命】

1917 年,段祺瑞在张勋复辟后,废止了 1913 年选出的国会。

孙中山再次举起护法的旗帜,号召国会议员一起到广州,召开国会非常会议。

1921 年 1 月 12 日非常国会在广州复会,取消军政府,于 4 月 2 号成立正式的中华民国政府。第一次采用青天白日 满地红旗为国旗,反对以及不承认北京 的北洋政府法统。4 月 7 号选举孙中山为大总统。孙中山 5 月 5 日在广州就 职,誓师北伐,这就是第三次革命。

1937 年,因七七事变(卢沟桥事变)导 致中日两国全面爆发战争,中国进入为期 8 年 (1937~1945 年) 的抗日战争, 史称"八年抗战",1937 年 11 月至 1946 年 5 月间为国民政府迁都重庆的时期 ,称: "中华民国战时首都"、"中华民国陪都"。

抗战期间,淞沪会战,国军全部都是德国装备的精锐部队,大都是黄埔军校毕业的军人,是战斗意志和能力都是最强的,他们顶住了日军 3 个月的进攻,使中国有机会将战略物资转移到后方,此役 30 万军人战死沙场。

之后国军在正面战场上抵抗了日军 100 多万日军的进攻。先后组织了南京会战,徐州会战,太原会战等 40 多次会战,最后牺牲了 230 万军人。按照 大陆的说法,自卢沟桥事变至 1945 年 6 月,国军中少将以上的将军,共牺牲 115 人。其中上将 8 人,中将 42 人, 少将 65 人。而国民政府的何应钦则说 是 206 位将领(附链接不完全的名录) 。可谓一寸山河一寸血!

1945 年 8 月 15 日日本帝国宣布向同盟国无条件投降。9 月 2 日,日本外相重 光葵在美国军舰密苏里号上正式签署 投降书。 根据盟军最高统帅美国将军麦克阿瑟所划受降地区的规定,中国战区受降者为中华民国。

9 月 9 日，中国战区受降仪式在南京原中央军校大礼堂举行，侵华日军总司令冈村宁次向中国政府陆军总司令何应钦呈交投降书，冈村宁次双手捧接投降书，签上"冈村宁次"四个字，然后盖章。

之后，国军开始裁撤。但中共即刻加速扩军，全线出击，抢夺受降权。不断扩大占领区域。 中共在苏联的全面支持下，一边举行国共谈判，一边不断发动军事行动。直至最后发动全面战争。

1945 年 10 月 10 日国共签署《政府与中 共代表会谈纪要》，即《双十协定》。内容主要包括： 承认和平建国的基本方针， 同意以对话方式解决一切争端。长期合作，以和平、民主和团结为基础，坚决避免内战，建设独立、自由和富强的新中国，彻底实行三民主义。

但是，中共根本就不认同协定的内容，不过是要欺骗世人，表示中共是要和平， 反内战的。毛回到延安后马上向军队发出了"立即向蒋管区发动进攻"的命令，公开破坏《双十协定》。

1946 年 1 月，中国国民党、中国共产党、民盟、中国青年党等代表召开政治协商会议，围绕政府组织、施政纲领、军 事、国民大会和宪法五个问题展开讨论， 最终达成五项协议。协议规定，政府改组后以国民政府委员会为最高国务机关，规定国府委员里国民党占半数，另外半数由其他党派和社会贤达组成，重大议案须 2/3 多数委员支持通过；在执政纲领上，通过了以中共草案为基础的《和平建国纲领》，一致同意和平实现民主宪政 ；一致同意整编国共军队，实现军队国 家化。

1946 年 5 月 5 日中华民国政府召开首次" 制宪国民代表大会"。然而，此时，由于中共在东北的争夺战中打得" 顺手"， 所以，要求国民大会召开前就按照其意愿改组政府，后召廾"国大"，并且没有达到满足就拒不交出代表名单。由是，国民政府只好将制宪国民大会延期半年。

1946 年（民国 35 年）11 月 15 日制宪 国民代表大会在南京国民大会堂开幕。该会议代表由民选和遴选方式产生，其 主要参与政党为中国国民党、中国青年党和中国民主社会党。中共及其盟友民主党派拒绝参加。12 月 25 日制宪完成，民国 36 年 （1947 年）1 月 1 日由国民政府公布、同年 12 月 25 日施行。

1947 年 3 月 15 日，国民党第六届中央执行委员会第三次全体会议在南京开。 蒋中正主持，称"中共全面叛乱……政治 解决的途径已绝望……政府为捍卫国家统一，保障人民安全，当然不能坐视变乱而不加制止。接着与共军全面开战。

虽然面对中共的军事威胁，国民政府仍然按照宪法，结束训政，实施宪政。1948年 （民国 37 年）3 月 29 日，行宪后第一届国民大会第一次会议于南京市召开 。为适应第二次国共内战下之政军情势， 4 月 18 日，国民大会第一届第一次会议第十二次大会依照宪法内之修宪程序三读通过《动员戡乱时期临时条款》， 授予总统实施紧急处分的权限以方便政府进行作战。 4 月 20 日至 29 日间举行了第一任总统、副总统选举，选出蒋中正、李宗仁为首任总统、副总统，将国 民政府改组为一府五院的中华民国政府 。

中共拒绝参与中国的民主进程，在苏联的支持下，旨在推翻民选产生的合法政府---中华民国。

1948 年经过辽沈战役、淮海战役、平津 战役等三大战役，国军总兵力损失 150 万人以上，精锐兵团几乎全军覆没。除西北外，长江以北的地区几乎都被中共控制。

1949 年 4 月 21 日至 6 月 2 日共军在长江中下游强渡长江，与国军汤恩伯、白崇禧两集团军进行战略性战役。24 日 凌晨，南京沦陷，中华民国政府宣布撤离首都南京迁往广州。12 月 7 日， 中 华民国政府最终宣布政府迁设台湾台北市。

中共没有达到消灭中华民国的目标，只是迫使中华民国政府退据台湾。而迁台后的中华民国政府在蒋中正执政时期， 一直坚持反攻大陆，又称光复大陆的立场 。并实施过"海威"行动等一系列行动。

1980 年 6 月，时任中华民国总统兼中国国民党主席蒋经国提出"三民主义统一中国"，成为中国国民党第十二次全国代表大会的政治纲领。取代了蒋中正的"反共复国"国策。李登辉时期又推出了更为婉转的《国统纲领》。

至 1991 年（民国 80 年），国民大会正式废止《动员戡乱时期临时条款》，并同时在宪法本文之外再另增订《中华民国宪法增修条文》、以及冻结部分宪法本文，以因应变化的国情，现已经过七次修订。

由于对中华民国回归大陆的期待越来越渺茫，台湾兴起去中国化，去中华民国化的思潮。民进党两届总统执政期间更加速了这种思潮的蔓延，向台湾独立的方向推进。

中华民国正面对极为严峻的局面！ 但中华民国不属于某个党，某个地区， 而是属于全中国，属于全体中华儿女责 任和义务奋起捍卫和承续中华民国。

【汇编资料】

花县徐氏满门英烈

1910 年（宣统二年）11 月 13 日，孙中山、黄兴、赵声在马来半岛的槟榔屿召开中国同盟会骨干会，决定再次在广州发动武装起义，黄兴担任总指挥，在越华路小东营五号设立起义总指挥部。1911 年（宣统三年）4 月 27 日（农历三月廿九日）下午发动起义，黄兴率领 130 多名先锋队（敢死队）队员臂缠白巾，从小东营直奔督署，杀死管带金振邦，冲入两广总督署衙门，歼灭督署卫队，冲入堂内，焚毁衙署。两广总督张鸣岐闻变，潜入厚祥街逃到水师行台。黄等放火焚烧督署后退出，在东辕门外与李淮卫队相遇，互有伤亡。黄分三路突围，攻袭督练公所等处，与清军展开激烈巷战。终因孤军作战，伤亡甚重，坚持一昼夜而失败。徐日培、徐广滔等 86 人在此役中英勇战死，或弹尽援绝被执，宁死不屈，慷慨就义。后由革命党人潘达微通过善堂出面，收殓烈士遗骸七十二具，葬于广州红花岗，后改名黄花岗。

徐日培烈士（1882— —1911-4-27）广东省花县三华村人。1911 年"3.29"攻打两广总督署，转战至小北直街高阳里口盛源米店，屯米包作垒拼死抵抗，坚持一昼夜，弹尽突围被捕就义。化县籍十八烈士之一。

徐佩旒，广州花县人。于 1911 年"3.29"攻总督署后，跟随徐维扬在司后街，大石街迎敌，展开拉锯式的战斗，转战至二牌楼等处负伤，后来维扬为了保存革命力量，嘱咐佩旒等六人，扶伤回乡将养。他们沿着粤汉铁路慢慢行走，走到江村高塘火车站附近铁路桥时，忽遇敌兵，这时弹尽人伤，已无法与之接战，被敌人发现，通通被捕，送到水师行台，不料佩琉等六人行抵高塘大东桥又遇敌兵，竟遭骈戮，全部英勇就义。（其他五人是：徐宝生，徐应安，徐昭良，徐松根、、徐廉辉、）。据烈士的儿子徐耀良说：父亲参加"三·二九"之役牺牲时我才三岁，事后听母亲（毕兰）说："你父亲临走时，只带了一把伞和一个布袋，说声'我明天去广州打工'，便再也没有回来了。

徐容九（1872 年-1911 月 4 月 27 日），男，汉族，新华镇三华村三华店人。于 1911 年参加辛亥革命，"3.29"攻总督署，转战至小北直街高阳里口盛源米店，垒米包作掩体，拼死抵抗，坚持一昼夜，弹尽爬墙突围，重伤至残。为黄花岗七十二烈士，是花县籍十八烈士之一。

徐保生，籍贯：广东花县新华公社三华店村，生卒时间:1891——1911-3-29。于 1911 年"3.29"攻总督署后，跟随徐维扬在司后街，大石街迎敌，展刀拉锯式的战斗，转战至二牌等处负伤，被捕就义。

徐满凌（1861~1911 年），广东省花县人。素以种田为业，是一位有领导指挥能力的革命农民。黄花岗烈士十之七八是青年，而满凌参加 1911 年之役时年已五十。徐满凌在花县革命先进徐维扬领导号召下，参加了"三·二九"之役，是日下午五时三十分与同志进攻总督府，直捣敌巢。后闻敌水师行台及观音山大队将至，乃奉命率队奋抗观音山之敌。至德宣路口与敌搏斗，巷战于莲塘街，时敌兵居高临下，不可仰攻。乃率众转入大石街之机关部，会同莫纪彭、喻纪云等攀登屋瓦遥击观音山之敌。鏖战良久，不能克。时天色已晚，各街道要冲，警戒森严，计以脱险后图。然满凌等初至省城，不辨途径。途中又与莫纪彭相失。遇一击柝者，请引至小北门。击柝者竟不北而南，曲折引至仓边街。突与清巡防营相遇，且战且走至高阳里，凭源盛米店米包为垒，与敌死拼，支持一昼夜，弹尽援绝。敌兵又火烧米店前门，满凌被逼率众后垣而走。满凌中弹被擒，不屈而死，时年 50 岁。黄花岗七十二烈士之一。

徐进焰，字德熙，花县三华村人。男，出生于 1877 年，"世务农，少年失怙，母毕氏。兄弟四人，长兄进坤，番花同盟分会之正会长。兄弟任侠敢死，为会中所推重。烈士性刚直，酷嗜酒，饮必数升，兴至，虽斗酒不及乱也。家贫不能常得酒，曾入酒肆为佣，甲辰五月潦水涨，烈士家居闷极，忽腾身入水，阅数小时不起。家人疑其死也，环哭于庭。烈士忽携酒与鱼，疾趋归。笑谓家人曰：'何哭之甚也！余岂轻死若是乎？且吾既以身许国矣，冯夷岂害我欤！庚戌正月初三日，粤省陆军首义与巡防营战于东郊。烈士随其兄进坤，怀，挟，偕敢死者数十人，疾趋图响应。至则事败不可为矣，乃悲愤而返。""三·二九"之役进攻两广总督时，徐进焰是选锋队员之一，臂缠白巾，手执曲尺一支，腰系两颗，奋勇直前。伏尸酣斗，饮弹而殒，时年三十四岁。

徐礼明（1888——1911-4-27）1911 年 3 月 29 日参加辛亥革命，广州黄花岗起义时，在进攻督署衙门的战斗中，冲锋在阶前中弹牺牲。

徐茂燎，籍贯：广东花县人（1885— —1911-4-27）于 1911 年"3.29"之役，攻两广总督署转战至二牌楼华庆里，被敌围困，被流弹击中牺牲。是花县籍十八烈士之一。

徐昭良，（1887——1911-4-27）于 1911 年"3.29"之役，随徐派扬攻总督署，转战飞来庙，不克，负伤，至高塘大东桥遇敌，遭杀害。是花县籍十八烈士之一。

徐培添（? -1911）大华村人。曾入番（禺）花（县）同盟分会，充干事员。1911 年 4 月 27 日广州起义（黄花岗之役）时，随攻督署，不避艰险，奋身死战，牺牲于高阳里源盛米店。葬于广州黄花岗，为七十二烈士之一。

徐褶成，黄花岗七十二烈士之一，广东花县大华村人。牺牲时年仅 30 岁。

徐临端（1874-1911）广东花县三华村人，1911 年 3 月 29 日参加辛亥革命，参加广州黄花岗起义，在进攻督署衙门的战斗中，徐临端脑涂甬道，壮烈牺牲。黄花岗七十二烈士之一。

徐容九（1872 年-1911 月 4 月 27 日），新华镇三华村三华店人。于 1911 年参加辛亥革命，"3.29"攻总督署，转战至小北直街高阳里口盛源米店，垒米包作掩体，拼死抵抗，坚持一昼夜，弹尽爬墙突围，重伤至残。为黄花岗七十二烈士，是花县籍十八烈士之一。

徐应安（1911-4-27），新华镇五华村东华庄人，1911 年"3.29"参加辛亥革命，在广州攻打两广总督署、转战 飞来庙，不克，越岭至三元里负伤， 于高塘大东桥遇敌遭杀害。黄花岗七 十二烈士，花县籍十八烈士之一。

徐松根，出生于广东省花县，安南 （今越南）华侨，工人。1911 年 4 月 27 日（辛亥，宣统三年三月廿九 日）广州起义（黄花岗之役）发动后，黄花岗之役为徐维扬支队队员， 随徐维扬支队攻打总督府战斗，血战一夜，后转战各处。第二天，行至高塘被清兵所执，直言革命，宁死不屈，遂被清廷杀害，时年 28 岁，被称为"黄花岗安南五徐烈士"之一。葬于广州黄花岗，为七十二烈士、花县籍十八烈士之一。

徐广滔（——-1911），广东省花县 人，近代民主革命烈士。

~~~~~~

国父孙中山遗嘱

余致力国民革命，凡四十年，其目的在求中国之自由平等。 积四十年之经验，深知欲达到此目的，必须唤起民众及联合世界上以平等待我之民族，共同奋斗。

现在革命尚未成功，凡我同志，务须依照余所著《建国方略》、《建国大纲》、《三民主义》及《第一次全国代表大会宣言》，继续努力，以求贯彻。最近主张开国民会议及废除不平等条约，尤须于最短期间，促其实现。是所至嘱！

民国十四年二月二十四日
孙文 三月十一日补签

[黄花岗]
七十二烈士

黄花岗七十二烈士是指 1911 年 4 月 27 日在中 国广东省广州黄花岗起 义中遇害的革命党人， 后葬于广州市东北郊 （现越秀区）黄花岗七十二烈士墓。

七十二烈士尸骨由潘达微收葬，改原地红花岗为黄花岗，最初只是黄土一抔的墓地，甚为荒凉。1918 年，滇军师长方声涛（方声洞之兄）募款修墓。1921 年，纪功坊、墓亭相继落成，又查七十二烈士之外，尚有十四名烈士死于黄花岗之役，共八十六人，姓名全部刻于《广州辛亥三 月二十九日革命记》石碑的背面。

七十二烈士墓中有一墓亭，内有一座上书"七十二烈士之墓"的墓碑。亭前右侧碑亭内立有"黄花岗七十二烈 士之碑"，其上刻有 72 位烈土的姓 名。左侧另立一"补书辛亥三月廿九广州革命烈士碑"，上补刻有 1932 年审查所得的 13 位烈士的姓名。

七十二人中有六十八位属于洪门成员。

附:

名录:

黄花岗七十二烈士之碑（72 人）

广东: 徐佩旒，徐礼明，徐日培，徐广滔，徐临端， 徐茂燎，徐松根，徐满凌，徐昭良，徐培添，徐保生， 徐廉辉，徐容九，徐进照，徐褶成，徐应安，李炳辉， 李晚，李文楷[*]，李文甫，李雁南，陈春，陈潮，陈文褒，罗仲霍，罗坤，庞雄，周华，游寿，江继复， 郭继枚，劳培，杜凤书，余东雄，马侣，黄鹤鸣，饶 辅廷，张学铨，周增，林修明；

福建: 方声洞，冯超骧，罗乃琳，卓秋元，黄忠炳， 王灿登，胡应升，林觉民，林西惠，林尹民，林文， 林时爽，刘六符，刘元栋，魏金龙，陈可钧，陈更新， 陈与焱，陈清畴，陈发炎；

广西: 韦树模，韦荣初，韦统淮，韦统钤，李德山， 林盛初；

四川: 秦炳，喻培伦，饶国梁；

安徽: 程良，宋玉琳，石德宽。

华侨：黄花岗诸位烈士有近卅人是新加坡、马来西亚华侨。其中罗仲霍、周华、李雁南和陈文褒来自马来西亚槟城。李炳辉、郭继枚、余东雄来自马来西亚霹雳州。习惯只写上籍贯，分入广东、福建。

补书：

辛亥三月廿九广州革命烈士碑（13 人）徐国泰，华金元，阮德三，陈甫仁，严确廷，韦云卿，罗进，罗干，罗联，罗遇坤，张 朝，陈才，陈福。

【*】 李文楷于 1959 年逝世。李文楷后人李庭选于 2002 年 12 月致信黄花岗公园，李文楷并未在黄花岗起义时的战斗中阵亡。1922 年，李文楷曾经写信向冯玉祥和当时广州国民政府主席汪 精卫澄清事实。 （资料汇编）

以殉道换回国魂

（上接 17 页 ）民主运动最缺少的是众望所归的政治领袖团队，他们能够形成一个政治核心并凝聚一大批基本民运朋友。他们应该懂得团体的运作，严格遵守民主程序和道德规范。政治领袖不是靠自封的，而是在民主运动不断发展和冲突中确立了各个人位置后的基础中产生的。中国古训"得友者霸，得师者王"，政治领袖的身边必需有更多的朋友和师者，从而能听得进任何建议和反对的声音。民主运动的政治领袖不是世袭皇族或宗教领袖，而是由真正的民主选举产生的。投票给你的是运动的忠诚者而不是宗教的信徒，当你背叛了你的忠诚者，他们自然会选择用脚离开你。政治游戏的规则注定了许多政治人物的悲剧性，能笑到最后的人当然也极少。中国民主运动在国内外发展的几十年来，正在耐心地等待着自己的政治领袖团队的产生。

纪念宋教仁逝世 110 周年

开创民国逐清庭 组党竞选推宪政
罹难实缘功盖世 宋公墓前思古今

宋教仁（1882 年 4 月 5 日－1913 年 3 月 22 日），字钝初，号敦初，笔名渔父。

宋教仁是中国伟大的民主革命先行者，中华民国的缔造者之一，人称宪政之父，是中华民国初期第一位倡导责任内阁制的政治家，担任过华兴会和同盟会的主要领导、中华民国临时政府农林部总长。他是国民党的主要筹建人，国民党 三元首之一。1913 年 3 月 20 日，宋教仁在上海北站遭黑道分子枪击，3 月 22 日不治身亡，终年 31 岁。

1882 年 4 月 15 日，宋教仁出生于湖南 省桃源县上坊村湘冲一户书香之家。1899 年 3 月，入桃源漳江书院，常与学友纵谈中西政治得失及古今用兵成败。1901 年，考中秀才。 1902 年，宋教仁赴武昌投考美国圣公会中国差会文华书院普通中学堂，被录为第一。翌年入学，在校期间，由吴禄贞等人组织的革命团体吸引，走上了反清革命之道路。是年 8 月，黄兴到武昌，两人相识成为挚友。

1903 年 11 月 4 日，偕黄兴、刘揆一、 陈天华、章士钊共同筹备成立华兴会。 1904 年 2 月 25 日，以"驱除鞑虏、恢复 中华"的政治口号，正式在长沙西园成立华兴会，众人选出黄兴担任会长，宋教仁为副会长。随之，立即着手扩大组织，准备武装起义。7 月，宋教仁在武昌发起创建"科学补习所"，以此为掩护，在新军和学校中开展革命活动。是年，华兴会策划在慈禧太后七十寿辰时在长沙、岳州、衡阳、宝庆、常德分五路同时起义。宋教仁负责常德一路的组织发动工作。9 月，宋教仁回常德，在城内五省客栈设"湘西联络总站"。10 月初，在常德笔架城举行的会党集会上被推为龙头。11 月 5 日，为筹备经费，宋教仁到长沙，发现起义事泄，湖南巡抚陆元鼎下令搜捕。是年底，宋教仁经武汉、上海登轮潜赴日本。12 月 13 日， 宋教仁抵达东京。

1905 年，他筹创革命杂志《二十世纪之支那》，6 月出版。8 月，在孙中山倡导下改为同盟会机关报《民报》，宋以同盟会司法部检事长身份兼该报撰述。是年 6 月，宋教仁进入日本政法大学学习，次年 2 月进入早稻田大学预科学习，因生病而辍学。12 月，陈天华为抗议日本文部省的《取缔清国人留日学生规则》而自杀，宋教仁将其遗体收回，呼吁留日学生回国。

1906 年春，宋教仁潜返辽宁安东，筹建同盟会辽东支部，策划在沈阳发动武装起义，事泄，潜回东京。在东北活动期间， 获悉日本企图吞并"间岛"的阴谋，他暂时放下革命联络工作，在日本友人片山潜的帮助下，打入日本从事阴谋组 织活动的组织长白山会，冒着生命危险，侦获该会大量假证据。回东京后，他又查阅大量典籍，很快写出《间岛问题》一书，论证间岛及延吉地区自周秦即属中国领土。日本政府侦知此事，以五千巨金索购书稿，未遂。转递清政府，如获拱璧，清政府对日谈判，凭此书的有力论据而获胜。袁世凯曾致电驻日公使馆赠送宋教仁二千日元，为宋婉拒。他 说："吾著此书为中国一块土，非为个人之赚几文钱也。"据说慈禧太后曾拟赏他四品京官，他也加以拒绝。他 说："吾本革命党人，乌能为清政府官，但能为祖国尽力者，生死以之，不愿为官也。" 自此以后，日本官方将他看作中国派来的密探，而留日学生中有人骂他卖党交结官吏。处身内外夹攻的困境中 ，他不以为意，不改初衷。

1907 年 黄兴赴安南谋举事，荐宋教仁代理同盟会庶务主持同盟会日常工作， 参与一切机密。

广州新军起义后，他与谭人凤、居正等商讨成立专注长江流域的革命机关。

1910 年 7 月，11 省区同盟会分会长举行会议，决定在长江流域发动革命。

1911 年，宋教仁到上海组织反清运动，在于右任办的《民立报》担任编辑，并与陈其美筹建中部总会。7 月 31 日，宋教仁参加了同盟会中部总会的成立大会，任义事。曾赴香港参加广州起义的准备工作 。7 月，与谭人凤、陈其美等在上海组建同盟会中部总会，邀请或派人来往于上海 、长江中下游各地，促进革命势力的发展， 间接促成了武昌起义。宋教仁曾提议革命的上中下三策：上策京师起义、中策长江起义、下策边疆起义。孙中山的十次革命，一般都属于下策中的边疆起义。黄花岗之役后，同盟会人涣散。宋教仁与谭人凤等乃毅然在上海另起炉灶，独立执行中策，成立中国同盟会中部总会，以共进会与文学社为基础，在两湖新军间鼓吹革命 ，于是乃有武昌起义之成功。

10 月 10 日，武昌起义爆发。10 月 28 日 ，与黄兴一同抵达武昌，参加革命政府的法律工作，参与起草《鄂州临时约法草案》。武昌起义成功，宋教仁大造革命舆论。通过发表文章和拍电报，积极敦促各国政府对中国革命严守中立，承认革命军为交战团体；对内则大力宣传革命的宗旨，说明" 革命党之主义即声言在推翻恶政，出人民于水火之中"，争取人民群众的支持。同时，他积极策应长江中下游举义响应。他在《民主报》上发表《湖北形势地理说》，论述武昌的重要性，反复申言："今天下之形势，重在武昌也。"激动之余，宋教仁对军政首脑人权旁落深为忧虑。

10 月 24 日，黄兴由香港抵上海，宋教仁与他"久别重逢，倾谈竟夕"，劝黄兴率第九镇新军夺取南京，并攻取江浙，以 免受制于黎元洪，黄兴不听。28 日， 宋教仁与黄兴到达武汉。此时，都督政府的组织大休建立，宋教仁仅被胡锁所拉协助办理外交。宋教仁试图策动黄兴为湖南湖北大都督，未成功，他又转而从地方政权建设入手，起草《鄂州约法》，经审定，随即由军政府颁布。这是中国历史上第一部共和制宪法性质文件，体现了近代西方民主精神。但当时并未付诸实施，黎元洪都督地位和权力并无减损。黄兴主持的军事，也景况不佳。宋教仁于 11 月 13 日离开武昌，决定赴南京开辟新的局面。

11 月 13 日，乘船赴上海。12 月初至南京，之后当革命党拿下南京，宋以其卓越手腕，调和诸将矛盾，于孙文回国前，掌握南京政务。12 月 7 日，组成新的江苏都督府，宋教仁担任政务厅长。此时，已有十余省宣布独立，站到革命阵营，组织临时中央政府已属急务。宋教仁也急欲以此抵制黎元洪，但其正确主张不被理解，屡受挫折。在实行总统制和责任内阁制问题上与孙中山也发生分歧，孙中山主张总统制，宋教仁主张内阁制。

1912 年 1 月 1 日 中华民国在南京成立，被任命为法制院院长，起草了一部宪法草案《中华民国临时政府组织法》。许多人为宋教仁未担任内务总长而抱屈，他却说："总长不总长，无关宏旨，我素主张内阁制，且主张政党内阁，如今七拼八凑，一个总长不做也罢。共和肇造，非我党负起责任，大刀阔斧，鼎故革新，不足以言政治。旧官僚模棱两可，畏首畏尾，哪里可与言革命、讲共和？"宋教仁很重视立法工作，很快就起草了一部宪法草案《中华民国临时政府组织法》，仍然主张内阁制，并被孙中山所接受。以后出台的《临时约法》，就以宋教仁的《鄂州约法》和该宪法草案为蓝本的。

2 月，宋任政事部主任干事。4 月 27 日，出任唐绍仪内阁的农林总长。7 月 21 日，当选为同盟会总务部主任干事，主持同盟会工作。因不满袁世凯破坏《临时约法》，辞去农林总长之职。

8 月 5 日，宋正式与统一共和党谈判合并新党。协定原案用"民主党"，嗣因反对者多，遂改用"国民党"，盖共和之制，国民为主体也。

8 月 11 日，举行正式筹备会议，宋被推担任临时主席，宋并代表中国同盟会、谷锺秀代表统一共和党、徐谦代表国民共进会、许廉代表共和实进会、虞熙正代表国民公党，分别报告各党均经集会一致议决赞成合并。

8 月 25 日，在北京湖广会馆召开国民党成立大会，宋教仁任代理理事长。不久后国民党选战大胜、党员士气高昂，宋氏政治前途如日初升，所至之处，欢迎会上无不人山人海，宋亦随地推广宪政理念，其要旨是产生纯粹的政党政治，极力推崇议会制度，认为只有议会政党责任内阁才是救治"不良政府医生"，即：由国会多数党领袖任内阁总理，负起政治责任，组成责任内阁；由此先制宪，再依法选举总统。

袁世凯在陆征祥辞去内阁总理时，曾请宋担任内阁总理，被坚决拒绝。民国元年 10 月 18 日，宋教仁南下省亲。沿途，他广泛宣传自己的政治主张，各地选举越来越有利于国民党，最终获胜似成定局，对宋教仁当选内阁总理的呼声也很高。民国 2 年 3 月上旬，宋教仁抵达上海，接到袁世凯发出的"即日赴京，商决要政"的急电。

1913 年，中华民国国会大选，国民党大获全胜，获国会压倒性多数席次。宋教仁欲循欧洲"内阁制"惯例以党魁身份组阁。自国民党重要人士群集沪滨，商讨应付国会之党略，大纲既定，宋即拟挟至北京党本部决议施行，适袁世凯亦电促赴京，宋因订期 3 月 20 日若干国会议员同行北上，是晚 22 时 45 分甫步入上海车站，即遭预伏杀手狙击中弹。

当时在火车站送行的黄兴、于右任、 廖仲恺等将宋教仁送往沪宁铁路医院急救。在医院中他向于右任留下遗嘱，并授意黄兴代拟电报给袁世凯：" 今国基未固，民福不增，遽尔撒手，死有余恨。伏冀大总统开诚心、布公道，竭力保障民权；俾国家得确定不拔之宪法，则虽死之日，犹生之年。临死哀言，尚祈见纳 。"

手术后，情况没有好转，大小便中出血严重；3 月 21 日下午，宋教仁再 次被送进手术室。3 月 22 日凌晨 4 时 48 分，不治身亡，在死前，对身边的人说要提醒袁世凯"以共和为重"。噩耗传出，全国人心鼎沸。

宋教仁遇刺身亡，袁世凯被嫌疑为背后指使刺杀的主谋。持此观点者认为中华民国国会选举前后，宋教仁积极主张 之内阁制会危及袁世凯的统治地位， 因此袁世凯要暗杀宋教仁。从查获之宋案凶手与北京来往电文中，有认为主使行刺宋教仁的人是袁，而直接布置暗杀的是国务总理赵秉钧。

当宋教仁整合同盟会各大派系进行拉选时，在国民党内的风头盖过了孙中山及其嫡系陈其美。宋案发生后，袁世凯是坦然面对，提出要以司法手段解决宋案。但革命党跳开司法道路发动二次革命，在二次革命期间，上海检察厅的很多原始档案都被陈其美的士兵有意捣毁，真相更是难以查明。

宋案发生以后，民主革命家林述庆公开斥责袁世凯刺宋，表示要回南方召集旧部反袁为宋报仇。他在 1913 年 4 月 10 日被毒死于袁世凯秘书长梁士诒宴会上。

宋教仁此次北上，如果与黎元洪联合反对袁世凯，则袁世凯将失去一切政治筹码。这是袁世凯刺杀宋教仁的最大动机，因此宋死后，孙中山、黄兴等人已无法寄望能以和平手段解决此问题，发动了二次 革命。

二次革命失败后，袁世凯曾致电香港情报人员企图暗杀孙中山。

1915 年蔡锷从从滇越铁路进入云南时， 遭遇袁世凯所派刺客的暗杀，但成功躲过一劫。

宋教仁墓地在上海闸北，名曰宋园（今闸北公园内）。建铜像作支坐侧思状，凿石为座。座之正面阳篆刻"渔父"二字，章太炎书。背面则阴刻铭文，于右任撰书："先生之死，天下惜之。先生之行，天下知之 。吾又何纪，为直笔乎？直笔人戮。为曲笔乎？曲笔天诛。嗟嗟九泉之泪，天下之血，老友之笔，贼人之铁。勒之空山，期之良史，铭诸心肝，质诸天地，呜呼！"墓地近似正方形，四周砌有二十四根圆头方柱，连成石栏。墓寝坐北朝南，为半球形，墓前立有墓碑，上书：'宋教仁先生之墓'，系集孙中山墨迹而成。宋墓顶上有一脚踩青蛇，展翅欲飞的雄鹰，象征着宋教仁一生不断为了宪政的理想，而与保守的旧势力作顽强斗争的精神。墓地南隅、正中左右树有石柱两根为出入口，置八级台阶，供拾级而上。墓区正中石柱顶端耸立着宋氏西服坐像，以大理石雕刻而成。墓区广场及通道均系花岗石砌成，周围广植龙柏、广玉兰、香樟和月季等各种花木，整个墓园庄严肃穆。（文革期间宋公墓被毁。多年后重建）。

1916 年 6 月，为纪念宋教仁，人们特地在北京豳春堂与畅观楼之间建造了一座高约 2 米的宋教仁纪念塔。纪念塔在"文化大革命"中被毁，现只余一座两层的塔基。

后世评价宋教仁，称他为中国宪政之父。

孙中山挽联称宋教仁："作公民保障，谁非后死者；为宪法流血，公真第一人"。

章太炎在《民国报》、《神州日报》评点孙中山只是"元老之才"，"至于建制内阁，仆则首推宋君教仁，堪为宰辅"，"谓总理莫宜于宋教仁"。

蔡元培在《我之历史》序言说："（同盟会）其抱有建设之计划者居少数。抱此计划而毅然以之自任者尤居少数，宋渔父先生其最著也。"

吴相湘认为，宋教仁一方面努力推进民主政治，同时更力言中国绝不能引用共产主义，且明白指出中国如实行共产主义之种种不幸恶果；因而坚决主张国家社会政策.

台湾政治大学政治系副教授孙善豪曾经评论宋教仁对国民革命与中国近代的意义，其大略如下：

宋教仁首先在上海成立了中国同盟会中部总会，目标在于鼓吹湖广新军的觉醒，民国成立后，宋教仁将同盟会与其他小党合并，成立国民党。当时孙中山主张同盟会仍然为地下革命组织，随时准备继续革命。宋教仁则主张将同盟会公开化，以堂堂政党之阵势、用光明正大之手段，藉选举取得政权。宋教仁路线不仅获得了同盟会多数之支持，并且继续与其他小党合并，终于组成国民党，而在国会大选中取得了多数。这个"国民党"，不同于一九二四年孙中山主导的联俄容共后的中国国民党，实乃中国近代史上第一个真正的民主政党。许多后来著名的民主人士如张东荪、沈钧儒、徐傅霖、罗文干、石志泉等，都是当时这个国民党的核心成员。

宋教仁对于内阁制的倡议与实践。袁世凯当上民国总统后，孙中山被选为国民党的理事长，旋赴东京，另组中华革命党 。而主导国内国民党的宋教仁路线，则是在体制内，以内阁制来架空袁世凯。如果当时袁世凯能明察当代潮流，放手让宋教仁组阁，则中国华盛顿或民国"国父"之名，无疑非他莫属。而整个中华民国史，或就将此改写。不幸的是： 宋教仁的内阁制主张，站在袁世凯的立场而言，是强人所难，直接抵触了袁世凯"一人天下"的期待，欲是，被刺，革命党发动二次革命；开启了中国此后一 连串政治、军事的混乱。 （资料汇编）

我是中国人/佚名

我是中国人，
我在中国生根。
我爱中国，
爱的最深。
我最爱的语言，
是我们中国的语言。
我最爱的河山，
是我们中国的河山。
中国家庭
多么温暖，
老年人最受尊敬，
小娃娃大家喜欢。
老老少少
幸福平安！
中国社会
多么安和
招待朋友最热心，
邻居来往很亲热。
人人都相信，
助人最快乐！
我是中国人，
我在中国生根
我爱中国
爱的最深。

青天白日祭英魂

陆中桂（1868 年 9 月 30 日 - 1895 年 11 月 7 日），字献香，号皓东，清朝末年的一位革命烈士，广东香山（今中山）人，出生于上海。与中华民国国父孙中山从小一起长大的好友，也是青天白日旗的设计者。光绪二十一年（1895 年）因发动革命起 义被清政府拘捕遭处死。

1883 年夏天以后，在夏威夷半工半读的孙中山因经常劝说在夏威夷工作的华侨工人不要膜拜关圣帝君神像，兄长担忧其触犯众怒，将 17 岁的孙中山送回翠亨村家乡。不久，孙与同乡友人陆皓东一起"捣毁偶像"，破坏翠亨村村中的北帝庙神像，不为乡人所容。

1884 年 10 月 18 日，陆皓东经孙中山向他传福音并在其带领下，于基督教纲纪慎会（又称公理会）位于港岛必列者士街的布道所，由美国公理会传教士喜嘉理牧师为他主持洗礼加入教会。

1887 年 1 月，当孙文在香港香港华人 西医书院习医时，陆皓东就读上海电报 学堂，1890 年毕业后回乡与黎小卿结 婚，1891 年再到上海任职电报局，这段 期间常在沪、港澳间往返。

1894 年 6 月中，孙中山弃医，偕陆皓东至天津上书李鸿章。

1895 年 2 月 18 日，陆皓东在孙中山的 召集之下，与郑士良、陈少白、杨鹤龄 等人讨论筹备"香港兴中会总会"。

1895 年 3 月 16 日，首次干部会议决定 先攻取广州，并采用陆皓东设计之青天 白日旗为起义军旗。

清光绪二十一年（1895 年）9 月 9 日， 孙中山率领郑士良、陆皓东等兴中会会友，准备第一次起义，史称乙未广州起义，然以事机泄密，接济未至而失败。陆皓东在广州双门底（今北京路白沙巷口）圣教书楼后礼堂起义指挥机关被捕， 后被押南海县署受审。

当时两广总督谭钟麟，令南海知县李征 庸提讯，命其跪下。陆皓东不肯，慨然写书数千。陆皓东即便被严刑拷打，也拒不供出同谋名单，他在赴义前称： "……吾方以外患为之日迫，欲治其标；孙中山则主满仇之必报，思治又不足废灭满清。故吾等尤欲诛一二狗官，以为我汉人当头一棒。今事虽不成，此心甚慰 。但一我可杀，而继我而起者而不可尽杀。公羊既殁，九世含冤。异人归楚，吾说自验。吾言尽矣，请速行刑"。

李征庸为之感慨，称："汝英年妙品，何为自取杀身之祸？汝不自惜，吾甚为汝可之。"陆皓东大怒道：

"中国地大物博，民众甲于全球，徒以满 清政府收体专制，外交失败，坐使贫弱达于极点。吾等今日举事，本欲倾覆清 政 府，更立新共和政府，凡有效功于满 清如汝辈者，吾等满拟杀一二以警其余，今谋泄被执，我既不能杀汝， 则汝今可杀我，有何可惜！ "

当时美国驻广州领事馆为他做保证，称 其为电报局翻译生，不是谋反者。但是李出示其供词，美国领事无可奈何。

清光绪二十一年（1895 年）11 月 7 日， 谭锺麟下令处以死刑，陆皓东被押往刑场问斩。同时被处决的还有朱贵全、邱四等人。

陆皓东被孙中山称为"中国有史以来为共和革命而牺牲之第一人"。

中国国民党以其设计的青天白日旗做为日后中国国民党的党旗。以青天白日旗为基底设计的青天白日满地红旗后来被国民政府选用为中华民国国旗，而青天白日旗之后也衍生成中华民国国徽。 （资料汇编）

. . . .

推特短文选之五：

中华民国复兴党官推@ROCisright
追求中华民国光复大陆的同仁们：应以国父孙中山为精神领袖，以三民主义为理论，以民国 "四六宪法"为法统，以青天白日满地红国旗为号召，汇聚于中华民国国旗之下，完成民国光复大陆沦陷区之历史使命 。

被噤声的武昌革命真史

曾庆豹 台湾辅仁大学哲学系教授

辛亥革命成功不久，各路人马开始分治天下，当时乱象令不少曾经怀抱理想参与革命的人相当失望，曾是日知会成员且援助过黄兴的曹亚伯决定编辑一本书，名为《武昌革命真史》，企图还原历史的真相，更为公允地对待革命烈士。《武昌革命真史》一书曾于 1930 年出版，书中记载日知会许多极珍贵的史料和史实，可是很快就被列作禁书，遭到查封和烧毁。直到 1985 年，此书才在上海书局重新出版。

《武昌革命真史》保存极丰富的史料，不仅作者曹亚伯本身即是参与日知会和武昌革命的重要人士，书中还全文刊录当时几本宣传革命的小册子原作，如陈天华的《警世钟》和《猛回头》、吴贡三的《孔孟肝心》等，以及其他一些重要的照片、纪录和手札。

曹亚伯乃湖北兴国人，两湖书院肄业，科学补习所成员，反清思想浓厚。他说自己是「年十五入大冶福音堂为信徒」，与教会人士颇为熟悉，他参与的日知会更是一个在圣公会名义下设立的组织。日知会此一组织主要负责人叫刘静庵，名贞 一，他也是一位平信徒，获得圣公会牧师胡兰亭的支持，以「日求一知，不断进步」为名成立日知会，逐渐成为两湖革命党的枢纽，影响力遍及湖北、江西、安徽、江苏川、 新疆等地。

日求一知 推翻满清

日知会是 1901 年由黄吉亭牧师在武 昌高家巷中华圣公会圣何塞教堂设立 的「书报阅览室」，除陈列圣经、圣公会《公祷书》及《进教要理问答》 等基督教书刊和宣传册外，还从上海等地购买《开智录》《国民报》《万法精理》等传递进步思想的书报，利用教会的特权公开陈列，任人阅览。之后，革命分子开始在此聚集，日知会的规模逐步扩大。曹亚伯记述：「所购新书日报甚多。每星期公开宣 讲，批评政俗，无所忌讳。」

刘静庵

要想做真革命党，就要先做真基督徒

之后，革命分子开始在此聚集，日知会获得空前的发展，其中最引人注目的一位代表性人物，就是因「丙午党 狱」死在牢裡的刘静庵。

刘静庵与胡兰亭合作，使日知会从一 间书报阅览室变成革命的基地。胡兰亭固然是此转变的关键人物，但此结果是刘静庵说服胡兰亭所致，刘静庵的话是这麼说的："国势诚岌岌矣! 中国人当不忍其沦胥; 下走愚妄，窃愿借此谋革命以救国，公能许我乎? 要做真革命党，首为真基督徒"。刘静庵特别提及，圣公会信徒在道德和信仰前提下应该支持革命，而且在此中国的危难时期，基督教的救世精神应获得实践。

这段说词打动了胡兰亭，应之: 国危至此! 尚何所顾虑? 愿与君共为其难! 即君言，弟好为筹划也。

就这样，刘静庵获得了胡兰亭的全力支持和掩护，于此集结了越来越多具有革命热情的革命者，同为革命分子的殷了衡牧师，在〈武昌日知会与耶教之关系〉一文中为日知会作神学论述。殷子衡把耶稣视为革命家，祂的生平、理想和行动，都与革命的精神有关: 日知会内，暗暗地组织革命机关，这机关，就表面上看，似乎与耶稣教博爱为怀的教义不大相合，然而要晓得耶稣之名为耶稣的意义，革命事业正是耶稣的许可。耶稣二字是希腊语，希伯来语又名约书亚，意义就是救主。耶稣其名基督其徵候也。提倡革命，就是想把满清的专制政体推倒，建设一个民主的共和政体的新国家。

狱中效法保罗布道

刘静庵这位信仰耶稣的革命党人，经常告诫自己准备为革命付出代价，其精神与动力源于耶稣的一段话: 「那杀身体、不能杀灵魂的，不要怕他们。」（马太福音 10 章 28 节）他在狱中读经、祷告、讲道、唱诗，他第一次向同因搞革命而受牢狱之灾的殷了衡佈道时说: 维摩诘病在斗室，佛法及于二千大千世界; 耶稣降于牛马槽，福音传播地球南北两极。我靠耶稣基督的圣名，求救中国的苦难，身在缧绁， 心在天堂。

刘静庵的狱中笔记，摘录《明儒学的 部分并不多，大多数篇幅是论述基督教。基督徒应知的基本道理。刘静庵对于基督教义是熟悉的，从他的文字表达来看这些作品可以算得上是他的灵修之作。论及人的罪、爱、信德、重生、事奉上帝、祈祷等他论及

「以圣餐与主交通」，还论及道成肉身、神人二性、三位一体、上帝国、耶稣复活，甚至对于新约、旧约之别也有精确的说法：「旧约以律，新约以爱；律服者奴，爱怀者子。」

平日一念慈悲，与受难之众囚感

刘静庵因信仰支持革命，陷入残酷的牢狱之灾，身心难免陷入极端的痛 苦，然而从其狱中笔记看来，支撑著他的也是他内心的笃信。我们很难从其文字找到痛苦或沮丧之词，相反地，处处流露无比的信心，难怪他在狱中的表现甚至感动了狱卒也归信基督教，宛如当年保罗所为。反对文化大革命的学者熊十力形容他「非一般人」，绝非虚言。姚渔潮形容作「坐如铜铸，行如满儎船」的刘静庵，在牢狱之中唯独难捨亲情，他在狱中笔记里特别表露了对母亲的挂心和思念。 他写给母亲许多书信，劝母亲多读圣经，尤其是路加福音。他不断安慰母亲，相信上帝会释放他得自由，请母亲一定要全心全意倚靠主，多多祈祷。

刘静庵从旧监狱转移到了新监狱后， 受了苦中之苦，情况比之前更加恶 劣。但刘静庵也因此认识了守卫军潘季贞，潘季贞常看顾他，刘静庵便藉机给潘季贞讲道。他教名是「保罗」， 在狱中的经历也的确与保罗相似。后 来，潘季贞与另一个守卫军殷勤道均 受刘静庵影响信仰了基督教。至此， 刘静庵明白了他在狱中的使命。

一位革命完人之死

刘静庵死于 1911 年 5 月 16 日，距 10 月 10 日的武昌起义不到半年，无缘亲眼见到革命胜利的到来。殷子衡记述了刘静庵的死状，令人震撼：刘公敬安平日一念慈悲，与受难之众囚感情甚厚， 死时皆抚尸痛哭，如丧考妣，且赀托狱 吏报告高家巷圣公会。中西牧师，闻耗哀痛，迅至狱中，清尸殓葬，盖恐狱吏暴庚，弃尸于野也。狱官初不允之，固请而后许，遂舁至武昌圣马可教堂厚殓之 。入棺之顷，刘之母抚棺痛哭，晕死者再，几不知其子之真相。盖骨瘦如柴，年仅三旬馀而鬚髮尽白，其为国所受之苦 ，可以想见。今尚窀穸于圣公会之茔地 焉。

~~~~~~~~~~~
推特短文选之六

王者 @mikepompeo

我们自己先去做灭共复国的事，不要等 其他人、等大形势，形势是谁造成的， 我们就是造形势的，民众等的就是我们当年孙中山先生发动革命，一次起义也不过就几百人，但就是革命先烈前仆后继的去流血牺牲，才最终在武昌起义成功。

《革命军》 邹容

扫除数千年种种之专制政体,脱去数千年种种之奴隶性质,诛绝五百万有奇被毛戴角之满洲种,洗尽二百六十年残惨虐酷之大耻辱,使中国大陆成干净土,黄帝子孙皆华盛顿,则有起死回生,还命反魄,出十八层地狱,升三十三天堂,郁郁勃勃,莽莽苍苍,至尊极高,独一无二,伟大绝伦之一目的,曰"革命"。巍巍哉!革命也!皇皇哉!革命也!

吾于是沿万里长城,登昆仑,游扬子江上下,溯黄河,竖独立之旗,撞自由之钟, 呼天吁地,破颡裂喉,以鸣于

邹容

我同胞前曰 :呜呼!我中国今日不可不革命,我中国今日欲脱满洲人之羁缚,不可不革命;我中国欲独立,不可不革命;我中国欲与世界列强并雄,不可不革命;我中国欲长存于二十世纪新世界上,不可不革命;我中国欲为地球上名国、地球上主人翁,不可不革命。革命哉!革命哉!我同胞中,老年、中年、壮年、少年、幼年、无量男女,其有言革命而实行革命者乎? 我同胞其欲相存相养相生活于革命也。吾今大声疾呼,以宣布革命之旨于天下 。

革命者,天演之公例也;革命者,世界之公理也;革命者,争存争亡过渡时代之要义也;革命者,顺乎天而应乎人者 也;革命者;去腐败而存良善者也;革命者,由野蛮而进文明者也;革命者, 除奴隶而为主人者也。是故一人一思想也,十人十思想也,百千万人,百千万闻之,犹口流涎而心件件。吾是以于我祖国中,搜索五千余年之历史,思想也, 亿兆京垓人,亿兆京垓思想也。人人虽各有思想也,即人人无不同此思想也。居处也,饮食也,衣服也,器具也,若善也,若不善也,若美也,若不美也,皆莫不深潜默运,盘旋于胸中,角触于脑中;而辨别其孰善也,孰不善也,孰美也,孰不美也,善而存之,不善而去之,美而存之,不美而去之,而此去存之一微识,即革命之旨所出也。夫此犹指事物而言之也。试放眼纵观,上下古今 ,宗教道德,政治学术,一视一课之微物,皆莫不数经革命之掏揽过昨日,田今日,以象现现象于此也。夫加是也,革命固如是平常者也。虽然,亦有非常者在焉。闻之一千六百八十八年英国立革命,一千七百七十五年美国之革命,一千八百七十年法国之革命,为世界应乎天而顺乎人之革命,去腐败而存良善之革命,由野蛮而进义明之革命,除奴隶而为主人之革命。牺牲个人,以利天下,牺牲贵族,以利平民,使人人亨其平等自由之幸福。甚至风潮所播及,小指点二千余万万里之地图,间人省已,欲求一革命之事,以比例乎英、法、美者,呜呼!何不一遇也?吾亦尝执此不一遇之故而。熟思之, 重思之, 否因之而有感矣, 否因之而有慨于历代民贼独夫之流毒也。

自秦始统一宇宙,悍然尊大,鞭笞宇内,私其国,奴其民,为专制政体,多援符瑞

不经之说，愚弄黔首，矫诬天命，揽国人所有而独有之，以保其子孙帝王万世之业。不知明示天下以可欲可羡可歆之极，则天下之思篡取而夺之者愈众。此自秦以来，所以狐鸣篝中，王在掌上，卯金伏诛，魏氏当涂，黠盗好雄。觊觎神器者、史不绝书。于是石勒、成吉思汗等，类以游牧腥之胡儿，亦得乘机窃命，君临我禹域，臣妾我神种。呜呼！革命！杀人放火者，出于是也！呜呼革命！自由平等者，亦出是也！

吾悲夫吾同胞之经此无量野蛮革命，而不一伸头于天下也。吾悲夫吾同胞之成事齐事楚，任人掬抛之无性也。吾幸夫吾同胞之得与今世界列强遇也；吾幸夫吾同胞之得闻文明之政体、文明之革命也；吾幸夫吾同胞之得鲁索《民约论》、孟德斯鸠《万法精理》、弥勒约翰《自由之理》、《法国革命史》、美国《独立檄文》等书译而读之也。是非吾同胞之大幸也夫！是非吾同胞之大幸也夫！夫鲁索诸大哲之微言大义，为起死回生之灵药，返魄还魂之主方，金丹换骨，刀圭奏效，法、美文明之胚胎，皆基于是。我祖国今日病矣，死矣，岂不欲食灵药、投宝方而生乎？若其欲之，则吾请执鲁索请大哲之宝旌，以招展于我神州上 。不宁惟是，而况又有大儿华盛顿于前， 小儿拿破仑于后，为寻同胞革命独立之表本。嗟呼！嗟乎！革命！革命！

相与附流会汇，以同归于大洋。大怪物哉！革命也。大宝物哉！革命也。得之则生，不得则死。毋退步，毋中立， 毋徘徊，此其时也，此其时也。此吾所以倡言革命，以相与同胞共勉共勖，而实行此革命主义也。苟不欲之，则请待数十年百年 后，必有倡平权释黑奴之耶女起，以再倡平权释数重奴隶之支那奴。

注：此文为《革命军》第一章绪论第二节

~~~~~~~~~~~~~~~
推特短文选 之七：
王动 @sexla5h
中共希望中华民国灭亡，绿共希望中华民国灭亡，其他国家更别提了，恨不得中国四分五裂成 32 个省。就在这么艰难的环境下，中华民国依然存活了 100 多年，生命力可谓顽强了，如今中共越来越脆弱，轰然倒下的可能性越来越大 ，怎么灭掉中华民国的声音却越来越强了？
***
推特短文选之八：

笔墨❀丹青　Apr 25

1991 年，邓丽君在金门岛上眺望祖国大陆，并在金门马山观测所向大陆同胞喊话："我希望大陆的同胞也可以跟我们享受到一样的民主跟自由，唯有在自由、民主、富庶的生活环境下,才能拥有实现个人理想的机会,也唯有全体青年都能够自由发挥聪明才智,国家的未来才能充满光明和希望。"

四通桥孤勇者 彭立發

封從德

民国 111 年 (2022) 12 月 10 日 中华男儿孤勇者,智仁勇俱备,古有荆轲关云长,前有王维林,今有彭载舟。 别是非、明利害、知己知彼、审时度势, 是谓智; 救人、救国、救世, 是谓仁; 有胆气、有勇气、临危不惧, 是谓勇。 四通桥勇士智仁勇俱全。

民国 111 年 (2022) 10 月 13 日, 中共 二十大开幕前三天, 在步步设防严密监 控的北京城内, 四通桥上忽现抗议行动。 四通桥孤勇者, 据称本名彭立发、网名彭载舟, 经事先周密准备, 奇妙伪装, 当日成功在高架桥栏杆外挂起两条横幅、 并用扩音装置播放口号, 公开反对习近平「称帝」及其荒谬的封控清零政策, 同时焚烧轮胎燃起浓烟, 以吸引路人关注。播放的口号概括了两条横幅的要点:「要吃饭,要自由, 要选票! 罢课, 罢工, 罢免独裁国贼习近平! 」随后遭警察逮捕, 至今下落不明。

德不孤、必有邻, 四海之内皆兄弟。四通桥抗争的勇武精神感天动地, 海内外人士一致声援, 国内很快出现大批网络 模仿、暗语以及厕所标语, 据统计, 10 天内已有全球至少 328 所大学的 1500 多份反习标语。一个月后更爆发「白纸 革命」, 全球更多的大学生参与, 出现大量类似标语。11 月 27 日凌晨, 更有民众聚于上海乌鲁木齐中路示威游行, 高喊「共产党下台」、「习近平下台」以及「 不要核酸要自由」。抗议浪潮的巨大压力下, 终于让步, 仓促取消清零政策, 许多城市迅速解封。而「共产党下台」这句口号, 超越此前民运, 必将深刻影响中国未来之走向。

孟德斯鸠曰: 专制的内核是恐惧。人民因恐惧而服从。人民若不再恐惧、拒绝服从,专制统治便行将就木。此亦甘地非暴力抗争高度颂扬勇武精神之缘由。 彭载舟先生的勇武精神, 唤起了白纸革命, 亦将唤醒沉寂多年的国民革命。行动前, 彭先生还与海内外异议人士多方联络, 又机智地设置推特自动功能, 在被捕后三天 (10 月 16 日中共二十大开 幕) 其预计的「罢工罢课罢国贼」行动日, 发一推文, 即孙中山〈国父遗嘱〉前半内容:

「余致力国民革命, 凡四十年, 其目的在求中国之自由平等。积四十年之经验, 深知欲达到此目的, 必须唤起民众, 及联合世界上以平等待我之民族, 共同奋斗。」

孤勇者推文宣扬〈国父遗嘱〉意义非凡, 指引当今民主革命, 回归百余年之国民 革命, 并牢记国父遗训: 革命尚未成功, 同志仍需努力, 以建民国、以进大同。 而结束专制, 自勇武始。民众勇武, 不再恐惧, 就有民变; 兵士勇武, 不再恐惧, 就有兵变; 国士勇武, 不再恐惧, 就有政变。民变、兵变、政变, 风起云涌, 独裁专制便摧枯拉朽而崩毁。民主大潮浩浩汤汤，顺之者昌逆之者亡。彭载舟反「称帝」领风气之先，乃当今蔡松坡！

鉴于此，中国民主教育基金会特于旧金山「国父纪念馆」，表彰四通桥勇士的勇武精神，颁发第 36 届「杰出民主人士奖」给彭载舟先生，并呼吁一切正义人士、机构和政府加强行动，促使彭先生尽快获释。四通桥勇武精神，可打破所谓素质论、国情论之类的民主条件论迷思，即所谓在中国推行民主需要这种那种条件才行。实际上，中国民主化唯一的障碍就是一党专制，而最便捷、最低 社会成本的便是遵行国父遗嘱，回归四六宪法，恢复中华民国，复兴中华道统。

人类的精神境界，因智仁勇者普遍而无区别之仁爱而提升。以大无畏的勇武气 概，为国为民牺牲奉献，这是民主革命历来的真精神，武昌起义如此，辛亥革命如此，六四抗暴如此，四通桥勇士亦如是。孤勇者不惑、不忧、不惧，其大 智大勇，可惊天地，可泣鬼神，可昭日月。

~~~~~~~~~~~~~~~~~

推特短文选 之九：

人微言轻 @RenWeiYanQing01

中共国正在消失的十大情感：
1、忏悔；2、善良；3、同情；4、爱情； 5、真诚；6、胆识；7、平和；8、谦卑。
9、敬畏；10、博爱。

中共国正在壮大的十大情感：
1、功利；2、冷漠；3、自私；4、暴戾； 5、猥琐；6、贪婪；7、虚伪；8、 恐惧；
9、矫情；10、淫欲。

推特短文选 之 十：

中华民国复兴党官推 @ROCisright
我中华民国，承继自尧舜禹的王道政治， 融合儒家民本与基督博爱的精神，内团结各族各地族群一律平等，外交好各国各邦国民一律善待。岂有舍文明而默认野蛮共匪邪道之理？

世道惶惶，人心丧乱，值此乱世，当重拾国父精神，以三民主义为纲，光复山河，攘凶除奸！

「五四」与「六四」本质的区别

徐沛

自从共产势力借「五四运动」以「外争国权，内惩国贼」的爱国主义开始渗透中华民国后，「五四」就一直是中共意识形态的组成部分，这也形象地表现在中共在大陆颠覆中华民国后，于红都北京天安门广场树立的人民英雄纪念碑。该碑由八幅汉白玉浮雕组成，其中之一的主题就是「五四运动」。

八九学运爆发后，中共总书记赵紫阳借「五四」70 周年之际发表〈在建设和改革的新时代进一步发扬五四精神〉的讲话，全文在中共喉舌《人民日报》刊载。赵紫阳算中共的开明派，但他的讲话依然充满共产党八股，居然宣称「中国的建设、改革、民主、科学，离开中国共产党的领导，就会成为泡影」，而八九一代汇聚在天安门广场，正是因为他们已经发现中共说一套，做一套，剥夺了人权与自由，他们不可能像赵紫阳期望地那样「理解坚持社会主义道路、坚持人民民主专政、坚持中国共产党的领导、坚持马列主义毛泽东思想的历史必然性」。

从小就被迫接受共产党洗脑的八九一代在六四屠杀前既没摆脱共产党的思维模式，也没跳出共产党的红色术语，不仅合唱红歌，纪念「五四」，还推出〈新五四宣言〉[51]，其中表示：

「这次学运的目的只有一个，即：高举民主科学大旗，把人民从封建思想的束缚中解放出来，促进自由、人权、法制建设，促进现代化建设。为此，我们促请政府加快政治经济体制改革的步伐，采取切实措施，保障宪法赋予人民的各项权利，实现新闻法，允许民间办报，铲除『官倒』，加强廉政建设，重视教育，重视知识，科学立国，我们的思想与政府并不矛盾，我们的目的只有一个，实现中国的现代化」。

该宣言还认为八九学运「是继『五四』以来最大规模的学生爱国民主运动，是『五四』运动的继续和发展，是史无前例，极其成功的……学运的胜利是民主运动的胜利，是全体人民的胜利，是『五四』精神的胜利。」

宣言作者不知「五四运动」前中国人尤其是大学生享有人权与自由，拥有自己的各种组织，可以出版各种刊物。正是「五四运动」为共产势力侵蚀中国开创了红色通道。「五四运动」是李大钊、陈独秀等投身国际共运的资本，从此共产国际开始利用李大钊、陈独秀等五四狂人赤化中国。而六四屠杀促使更多人看穿共产党的骗局，开始像上当受骗的王若望一样觉醒，投身以结束共产暴政，复兴中华民国为宗旨的民主运动。

中共至今纪念「五四运动」，现任中共总书记习近平也借「五四运动」100 周年在中共的「人民大会堂」发表长篇讲话，连标题长达 7572 字符。

习近平宣称「五四运动」为「伟大爱国革命运动」，「伟大社会革命运动」，「伟大思想启蒙运动和新文化运动」。中共一直赞颂「五四」，原因就在于「五四运动」确实「促进了马克思主义在中国的传播，促进了马克思主义同中国工人运动的结合，为中国共产党成立做了思想上干部上的准备」，是赤化中国的运动！这篇讲话也透露爱国主义是「五四运动」的核心，而共产党正是利用爱国心与民族情混淆视听，欺骗世人。现在习近平依然打着爱国主义的幌子要求大陆青年「树立对马克思主义的信仰」，「努力学习马克思主义立场观点方法」，虽然大陆的马克思主义信仰者也难免被中共打压，因为中共不在乎什么信仰，只想管天管地管一切。

与此同时，中共一直不敢正视勇于在共产极权暴政下齐声高呼「还我人权」的八九学生。「六四」被中共按需要称为「动乱」、「暴乱」、「政治风波」，无论如何，只要与「六四」相关的字词都成为中共在互联网屏蔽的敏感词。因纪念「六四」而被捕的大陆人在过去三十年层出不穷。六四屠杀的受害者家属不仅被禁止哀悼死者，还因此遭受迫害。即使是当年支持邓小平屠杀的中共前总理李鹏，也被禁止出版涉及「六四」的日记。

总而言之，「六四」是大陆民众在中共篡政 40 年后，群起向共产党讨还自由的开端，而「五四」则是共产势力侵蚀台海两岸的开始。八九一代虽然从小被共产党灌输「五四」引进的红色谎言，但六四屠杀前八九参与者连蛋砸毛像都不允许，秉持和平理性非暴力，与五四青年大相径庭。倒是「二二八」参与者在被国军镇压前在地下共产党员的鼓动下打砸抢烧，不会日语与闽南话的男女老幼都可能被暴打甚至被打死。「五四」以爱国为由抗日排日，而「二二八」则以自治为由抗华排华，国籍与省籍像阶级一样是共产势力用来制造争端，鼓动斗争的伎俩。

~~~~~~~~~~~~~~~
推特短文选 之十一：
中华民国复兴党官推 @ROCisright

我中华民国的民主革命，对邻邦乃至世界的影响深远！ 作为亚洲第一民主共和国，中华民国是后来亚洲新兴国家的榜样。大韩民国政府成立于上海、三民主义对台湾民主革命的影响、以及抗战胜利后，在东南亚甚至法国，都高悬青天白日满地红庆祝⋯复行三民主义于中华，是对世界有益的善举！

【新书摘录】

中国人的苦难与祝福
张叁

A，从中国历代人口来看苦难

1，人口统计

民国元年进行了一次人口普查。此次人口普查主要由警察进行。警察人手不够,民国刚成立,警察只部署到县城一级。根据 1931 年的调查,河南一省,警额不足的有三十多个县。为了多拿补贴, 各县虚报警察人数。河南信阳县,上报警察名额为九十名, 而实际只有五十多。民国初期各地警察素质低 ，许多警官由退伍军人担任,没有具备警察该有的学识和经验。当时录用警察的文化水平要求高小毕业或者相等程度，但在具体的执行过程中，则是另外一 回事，走后门的，拉关系的，导致民国初年的警察队伍是素质高低不一。

在这种情况下,当时的人口普查可谓漏 洞百出,许多地方甚至不进行调查, 就直接上报数据。稍有常识的人，拿到基 层上交的人口统计表都会哭笑不得 。 有的县男女人数完全相等,有的县男女 比例相差六十四倍以上。有一个县的人 口数平均下来，每户达到三百三十四人， 而有的县人口平均下来，每户不到一人。

清朝的户口制度为每三年编审一次。但是,清代的人丁,不是 16 到 60 岁的男 丁,而是承纳丁银（赋役）的人丁定额， 不是实际的人数，是丁银的代名词。他们把贫富不均的人分几等,不同等级的人收的丁银都不同。在赋税记载中会现半丁以及分、厘,、毫等数，所以这时候所记载的人丁数已经不是实际人数， 只是统治者为了收多少税而设计的。这其实是清朝摊丁入亩制度的一部分，摊丁入亩就是不收人头税，根据田产来收税。

明初 1370 年，朱元璋在全国范围内推行户帖制度， 规定了一套相当完整的办法。户帖的格式和调查项目，由中央户部统一规定，全国一致。户帖上首印着钦奉圣旨 4 个大字，下面依次填写户主姓名、家庭成员的姓名、性别、年龄，与户主的亲属关系等。拿到数据之后，就立即派出军队，分赴各地挨家挨户地查对，一旦查出有误，立即追究第一责任人，若果是官员没有尽责，斩! 是百姓隐瞒人口，充军。户帖登记好了以后，集中存档，封存于户部。

元朝及元朝以前的人口普查不谈了。目的是让大家有一个观念，可能大家早已深知，虽然中国有很认真负责的政 府，但在几千年的时间中占了很小的比例。朱元璋杀贪官十五万，习近平五年办了贪官两百多万。杀不完呀。赔钱的生意没人做，要命的生意有人做，历来人口普查是为了收税，税是钱，贪就是贪钱。请看下面表格，这是历代中比较出名的人口普查。大多学者都说这些 数字严重偏低。这是可以理解的，因 为这是上交和公开的数字，越低可贪的就越多。死不除名，生不入籍，不登门，不核实，按上年人数主观增减。这 就是我们过去的官。当然我们也有很多好官。无论如何，我们就是用这些人口数字来写以下的文章，大家心里要有个底。

2. 过半数的人口减少

读史最难受的时候就是读到民族之间种族清洗的灭绝屠杀和饥荒。老百姓面对死亡时的挣扎。暴乱时野心家挟持和驱 赶他们上战场撕杀，很多倒在血泊之中， 能回来的已不再是战前的他们了。经 过大幅度的杀戮和死亡后，人性恶化， 良心冥灭。请读读下面抄来的字句,最惨痛的字句。

史记平准书记载，秦朝原来的万户大邑只剩下两三千户， 秦朝全国的 2000 多 万人口， 到汉初就只有 800 万左右。

公元 2 年， 西汉人口 5959 万。经过王莽、绿林、 赤眉、铜马，到公元 25 年，人口只剩下 1800 万。经过黄巾，三国混战，曹操在《蒿里行》中写道，白骨露于野，千里无鸡鸣。生民百余一， 念之断人肠。

五胡十六国，大屠杀导致人口严重减 少，汉民族人口从 800 万减到 100 多万。

隋末至唐初，有 50 多位争霸者，都统兵 15 万以上，相互混战。人口由公元 606 年的 4602 万，到 639 年减至 1235 万。

黄巢杀人八百万，所过之地，赤地千里。 唐末到五代十国，前后历时 80 年，唐武宗时全国人口有 496 万户，到后周世 宗，仅余 120 万户。

安史之乱，唐皇乞求匈奴、回纥出兵收复洛阳，允其任意抢掠三日，使洛阳成了一片废墟。公元 755 年，全国人口有 5292 万，到 760 年，仅余 1699 万 。

1122 年，宋全国人 9347 万，到元初 1274 年，人口仅有 887 万。蒙古军制， 军所至， 但有发一矢相格者，必尽屠之。

从李自成到吴三桂灭亡，期间有李自成进京，张献忠屠四川，和满清入关， 四川人口由 600 多万减至 50 万。明末全国人口上亿，到清世祖时只剩下 1400 万人。

在兵荒马乱的年日，怎样征兵？ 怎 样拉壮丁？怎样收税？谁会去做人口普 查？怎样做人口调查？有可能吗？上 面看到的人口数据从何而来？抗战过去了 73 年，记忆犹存，那时天下大乱， 日占区、溥满州、汪伪、白区、红区、 阎山西、龙云南、陈广东、李广西、马西北，饿殍倒路旁，日机空袭后尸首满街。蒋梦麟先生的兵役是资本主义本主义的。私人的产权与 自 由的企业之所以能够长久维持， 由 历史看来，都是因为这两种制度具有 充分的力量，帮助个人的发展；都是出 为这两种制度已使

一种极高的经济福 利标准，有实现的可能。 调查，白纸黑字。 等到哪天政府才能恢复在各乡各村办事？

3，灾难的类别

灾难的类别; 1，种族间的屠杀, 2，群雄争霸, 3，饥荒加争霸。

1）， 种族间的屠杀

五胡乱华，南北朝混战。八王之乱后， 匈奴、鲜卑、羯、羌、氐六个民族杀戮 不停。

元灭南宋，蒙古军制，军所至，但有发一 矢相格者，必尽屠之。

满清占领辽宁杀辽民 300 多万，济南城 13 万，扬州 80 余万，嘉兴 50 多万。

2）， 群雄争霸

秦末陈胜吴广开始，群雄四起，项羽和刘邦的楚汉争霸。东汉末年黄巾起义，群雄四起，董卓、袁绍、袁术、曹操、 孙权、刘备，混战不停。

隋末至唐初，兵变、民变达 136 次，50 多位称帝称王者，混战不停。

安史之乱，历时 8 年。黄河流域萧条凄惨，人烟断绝，兽游鬼哭。

清代白莲教攻破州县达 204 个，抗击 16 个省大军，白莲教乱前全国人口 39,110 万，后减至为 27,566 万。

3), 饥荒加争霸

西汉末年王莽、绿林、赤眉、铜马等大乱。西安人口从 68 万减到 28 万，大荔从 91 万减到 14 万，兴平县从 83 万减到 9 万，绥远县从 69 万减到 2 万。

黄巢杀人八百万。唐末到五代十国历时 80 年，前后 58 个皇帝，42 个死于非 命。

元末刘福通红巾军、朱元璋、陈友谅、 张士诚等争霸。

明末李自成反，张献忠反，满清入关。 太平天国，全国人口减 5 千万或上亿。

种族间的屠杀，我们汉人今后绝对不可以对小数民族不分青红皂白与全族作对 。我们是大，他们是小，大要有大的样式， 我们发愤图强，国力强，军队强，对小数民族公平友爱，不要以摆花瓶的方法来摆弄人家，例如选拔国大代表，地方官员等。

群雄争霸，民主制度就是解决的方法。 无论民主制度有多少毛病，总比自相残杀，死亡超过人口一半的好。国民党共产党都有同一个问题,成功后要升官发财的全来了。这些都是聪明人,有危险的时候不会来。他们不是共产党国民党,他们是秦桧党,升官发财党。几千年来,就是这些 权贵,就是朱门酒肉臭。饥荒加争霸,农业科技和工业科技应该可以解决饥荒的问题。

B, 近两百年的苦难

太平天国已经在上面讨论过,请看下列各项。下列各项数据,不知可靠性如何,实无信心。本来不想列出,但是良心甚痛。数据有不对之处,请谅。

鸦片战争事件,官兵死 22,790 人

八国联军事件 ,义和团及官兵死 15,000 人。义和团杀 240 名外国传教 士, 18,000 名天主教徒, 5,000 名新教教徒。

甲午中日战争事件,官兵死 11,864 名。

辛亥革命事件,伤亡清军 170,000 名,革命党 87,000 名。最多一次杀满人 2 万名。

清党和围剿事件,湘江之战,共方 5 到 6 万。

八年抗战事件 ,死亡人数,军人 3,227,926 名 ,平 民 17,000,000 – 22,000,000 名 。(Hsu Long-hsuen , History of the Sino-Japanese war(1937–1945), Taipei, 1972)

国共内战事件,共军死 26 万,失踪和被俘 19 万,85 万伤,伤亡合计 130 万。 国军合计 807.1 万,其中俘虏 458 万, 投诚 63 万余,起义和接受改编 114 万 余,死伤 171 万余(死亡人数应与共军相差不远) (中国人民解放军战史简编).

土地改革事件,对于土改死亡人數,周恩来估计 83 万,毛泽东估计 2 到 3 百 万人。

镇反运动事件,公安部副部长徐子荣在 1954 年的一份报告中说: 全国共逮捕了 262 万,其中杀了 71.2 万。

肃反运动事件,枪决 2.2 万,非正常死亡 5.3 万 .

反右运动事件, 根据 1978 年中共十一 届三中全会后复查统计, 右派份子 552,877 人。另有说,1957 年有 317 万右派知识份子遭受迫害。

三年饥荒事件, 死 3000-4300 万?

文化大革命事件,文革中共中央党史研究室合编的, 建国以来历史政治运动事实,给出的文革资料则是: 420 余万人被关押审查; 172 万 8000 余人死 亡; 13 万 5000

人被以反革命罪处决；武斗死亡 23 万 7000 人；703 万人伤残；7 万 1200 余家庭整个被毁。1978 年 12 月 13 日，叶剑英在十二届一中全会后的中央政治局扩大会议上，曾披露文革遭受迫害及死亡人数：（1）规模性 武斗事件，4,300 多件，死亡 123,700 多人。(2) 250 万干部被批斗，302,700 多名干部被非法关押，115,500 多名干部非正常死亡。（3）城市有 4,810,000 各界人士被打成历史反革命、现行反革命、阶级异己分子、反革命修正主义分 子、反动学术权威。非正常死亡 683,000 多人。（4）农村有 520 多万地主、富农（包括部上中农）家属被迫害，有 120 万地主、富农及家属非正常死亡。（5）有 1 亿 1,300 多万人受到不同程度的政治打击，557,000 多人失踪。

C, 谁的福气比中国大

大英帝国，国旗无日落，就两、三百年而 已。1793 年马戛尔尼来华 (George Macartney)，乾隆爱理不理。即使到了 1840 年的中英贸易，英国还是吃亏的。 所以英人走黑道，卖鸦片。就是大清气数已尽，如果努尔哈赤在，加上林则徐,干英的。

今年 2018 年，英国首相 Theresa May 访问北京，与 1793 马戛尔尼来华有啥不同。英人汤因比（Arnold Joseph Toynbee）研究全世界各地的文明和宗教，写成十二大本历史研究。早年 (1930)汤因比大言中国文明走向死亡。 中国人在东南亚落后地区很神气，但在白人国家，就只能洗衣烧饭。到了晚年(1973)，汤因比却转口说，19 世纪是英国的,20 世纪是美国的, 21 世纪是中国的。另一位英人罗素（Bertrand Russell) 素来肯定中国文化，他希望中国不要像日本一样，太西化了。罗素说西方文明已走到尽头，浴火重生的中国文化才是世界文明的出路。

今天美国利害， 福气比我们中国大。美国人的强大富裕百来年了。祝愿美国万年富强，世世代代都有能人辈出。我们这些来美读书的， 拿了美国人的助学金读书， 学成后，实习工作过后，回国又抢了美国人的工作。愿神赐福给美国,愿美国世世代代都有天才出生 ，像 Apple, Google, Facebook, Intel， Amazon，永远在科技上有大幅度的长进,带领全人类的繁荣富裕，一天比一 天好。

美国人的政治到了今天，把三权分立监督平衡破坏透彻。如果行政、立法、司 法三部门都有很多的官员投身于一个势力，一个又聪明又成功的势力，却有点邪门的势力。这个势力控制着行政部门的当选官员，全部言论媒体，发付立法议员的选举经费，干预司法法官的任命。对选民选出来的， 不听话就打 。专门收集黑材料，送给媒体交响乐团作大合唱。三权分立演变为一意孤行。

神农尝百草创农耕之后，炎黄子孙人口增长到邻近民族的百倍。黄帝带领这支大军从河套打出，于涿鹿之野大败蚩尤率领所属 72 氏族。全尧舜禹，缔定九州之疆。汉唐之际， 中华民族独霸神州， 长江黄河珠江成为大汉家园，其它民族被驱逐于漠北冰雪之地 ,西域沙漠缺水之丘，南方热带蚊虫 之乡。我们还要埋怨吗？ 埋怨什么呢？ 北方民族一定要住在西伯利亚的寒风之中？ 他们为什么不能住到温暖的中州？ 我们凭什赶他们走？就只有打，把他们打走，没有道理的，不讲道理的。不能打的民族只有一个命运，和古埃及人、美州印地安人、两河流域中 Sumerian 一样的命运。我们在最开始也许被蛮族打败，但这些蛮族来到了温暖的中州一百年后，就再打不过我们，被我们赶走。我们在温暖的中州已吃了几千年的米面了。

蒙古人把汉人打垮了。明朝成立后，蒙古人退回漠北，但不是全部蒙古人，只是蒙古人中的王族、贵族和军人。根据 2010 年的人口普查，内蒙古大概有 400 万蒙古人，全国各省共有 200 万蒙古人，同时外蒙古有 300 万蒙古人。也就可以说，有九份之二的蒙古人留了下来，与我们生活在一起，达七百年之久。这七百年没有听说过民间有什么仇杀 (文革在内蒙杀害内人党，达数万之众，原因是文革疯狂，不是中国人的责任,文革中汉人也死了很多)。大蒙古帝国铺下了中国版图更大的前景。

满清把这中国版图落实了。这是我们汉人几千年来都没做到的。今天满人百份之一百的和我们融合在一起。满人来时杀了很多汉人(杨州十日)，满人失败时最多一次被我们杀了两万，但就只一次，其它都是战场中杀的，大多是一次千人以下。我在鼓吹民族主义，但我是鼓吹中华民族成为一个强大的力量，这个力量用来保护国民国土，绝对不能用来杀害任何人，任何民族的人。

谁的福气比我们大？日本人是可怜的，就只在明治维新之后才神气。1868 年以前，日本的穷人会选择一个下大雪和气温大幅度下降的晚上，把年老的爸爸妈妈背上山上，就希望一夜的冰寒取去爸妈的生命。那山上满山白骨，我看到时顿刻全心崩溃，在电影中看到的 (The Ballad of Narayama)。那时日本每年的粮食产量不能供应日本人一年的生活，半年都有问题。

日本位于太平洋沿岸的 Ring of Fire，地震火山海啸，要命的。日本人 1868 维新，1894 年在 5 个多小时大败李鸿章北洋舰队。有幸太阳下山,不然北洋舰队全葬海底。1905 年打败俄罗斯舰队和陆军。1940 年在太平洋上有航空母舰十艘，分别为凤翔、赤城、加贺、苍龙、飞龙、龙骧、瑞鹤、翔鹤、祥凤、瑞凤。1945 年吃了两颗原子弹。

四，概论

书到用时方恨少。写民族的苦难时，才感觉到自己受的苦难太少。在苦难中的朋友看起文章来，会不会觉得写文章的人不懂苦难。祖父是长子，将来可以继承祖业，玉器行业的下一代东主，他却整天说要打倒有钱人，要共产。曾祖父说那你就是要打倒我。曾祖父少年时从农村出广州当学徒，千辛万苦创下产业。祖父 1927 年参加了张太雷领导的广州起义，化名海山，重伤后退隐乡下，终至不治去世。祖母三十多岁守寡，带着三男三女，在乡下辛苦度日。挨到长子，我爸爸，十八岁，日鬼来了。爸爸投笔从戎，后来叔叔也上战场了，加上三叔公、大姑丈、和妈妈。妈妈 14 岁，还未成年，从越南领事馆拿到一封介绍信，就一个人闯到重庆,那时交通很差,很多地方都是用腿走的。我是妈妈的儿子，妈妈的血在我心脏中汹涌澎湃，这股血液是黄帝流传下来的，汹涌澎湃涌流在中华神州大地，汹涌澎湃涌流在黄帝子孙的心胸之中。三叔公和大姑丈牺牲了。1949 年后，爸爸逃到香港，叔叔和妈妈被关进牢中惨受摧残，祖母被吊被打，被陪枪毙。我四岁就被邻居小孩打，打地主仔，衣服被脱光，牛粪从头上打下来。

1981 年爸爸在香港去世，那是我人生的最低点。从幼时我就希望爸爸有一天可以回来救我。爸爸是一位很优秀的军人，23 岁当中校副团长，29 岁升上校。他是全家的盼望，全家都指望他能有所作为 。家人还在苦难中，他竟去世了，全家的指望都完了。爸爸心里太苦了，眼看着妈 妈、弟弟、妹妹、妻子、儿女，全家任人欺凌，五十多就去世。 一切的苦难是什么？眼前好像都是黑暗 。

儿子出生，出生后第三天就能单手举起 奶瓶猛吸，六个月就能把屁股抬起来，之后就爬，不停的爬，一边喘气，一边流口水，两眼放光，又胖又壮，爬个不停。那时是夏天，美国德州的温度超过华氏一百， 衣服穿很少。他快爬进床底了，我去把他抱起来放到房间最远的一角，当我的手碰到他的皮肤时，刹那间一股电流贯通我的全身，一股能量冲进脑袋，一下子把我从人生的最低点拉了上来。爸爸的事还没完，还没结束。祖父的事还没完，还没结束。

人生如果到死就结束的话，那就是真的完蛋了。死不是人生的结束，那就一切都改观。我们的生命是整个民族存在的一个环节，我们的后代就是我们苦难的答案， 保存我们民族更壮旺的存仜就是我们的任务。我们的后代普遍来看都比我们七 老八丨的史高更壮。更强的犹太人还在来途中，更强的中国人还在来途中。犹太人是打不死的，中国人是打不死的。感谢主， 写这文章，我一直在祷告，神啊，苦难是什么？

时间规限了我们，空间规限了我们，我们被生在这个时间和空间之中，我们的脑袋不知不觉的进入了这个时间和空间之中 ，被规限了。但不是的，我们的脑袋是没有规限的。甘地曾说，你能锁我，施刑于我，甚至毁灭这个身体，但你永远无法囚禁我的思想。我为什么不能够把我祖父的思想恢复到我的脑袋，我祖父的一切都遗传了给我，DNA、ATCG、基囗、 chromosome。祖父在战场上受重伤而去世，爸爸经历了抗战内战，被打败逃到香港，就像一棵壮大的新树到了夏天，突然间被一刀拦腰砍断。但天地之妙就妙在他们很早就把 DNA 给了我。这不是神话 ，不是迷信，这是 DNA，这个DNA 的遗传能力比任何保存传递的方法都强 ，是个奇具神 器。这是科学，这是事实。曾祖父、祖 父、爸爸、我、我的儿子，都在重复着一个理念，重复着对神的回应。

神在看着，神对人有信心，就像祂对亚伯拉罕的信心一样。我有了祖父生物学上最基本的一切，同样的血气和冲动 ，同样的性格和感情，同样的智能和敏锐，如果我把祖父的思想和思维恢复到我的脑袋，去做同样的事情，那我和祖父又有什么不同呢。爸爸一生基本上就是继承祖父未竟之业，今天中 民族的子孙和 朝唐朝的祖辈又有什么不同呢。

亚伯拉罕腰中有像地上的沙粒，天上的星星那么多后代，排着队要来到世间。黄帝的腰中也如此，百倍如此。华夏子孙是天朝上国人物，住的地方叫神州，天朝上国神州是我家，建筑工程正在进行中，那要很多很多代人的努力，一代的眼光太窄短了。

父亲种了好葡萄，儿子的牙甜透了。好好做人，儿孙壮旺，中华民族壮旺，历代先祖看着我们传乘接棒。亚伯拉罕 85 岁时一个儿子都没有，雅各一生的年日又短又苦。事实摆在眼前，以色列就是 一个很奇特，多苦难的民族。苦难的同胞啊，没有你们付出的代价，中华民族走不到今天，你们牺牲了的生命就是建筑天朝上国神州的万钧基石，永远屹立不朽。

唯独苦难到了最强烈的时候人才会觉得生不如死。唯独人到了生不如死的时候，人就有可能看破生死。当面对生死的时候如果能发出微笑，就胜过了生死，胜过了苦 难，胜过了这世界，得到了智慧，得到了人生的意义，得到了生命，得到了永生，进入了天堂，神的笑脸在光照你。

一营又一营的中国军人向着日鬼的重机枪冲锋时，他们的嘴巴、心灵、眼睛都在呼 喊，只要有我在，中国一定强。这是什么意思，意思是只要我死了，中国就有救。 一滴鲜血一寸土，一位军人一尺地，一千位军人一千尺阵地，终于把鬼子的机枪炸毁。把我们血肉筑成我们新的长城。张自忠总司令的部属说了 一次又一次，"总司令，走啦，守不住啦。" 张自忠总司令说，"天津守不住，我走了。 北平守不住，我走了，华北守不住，我走 了，今天我不走了。"

附注：本文选自张叁著：《匹夫之见》 "民族的苦难与祝福"之第三章： 【中国人的苦难与祝福】 www.lulu.com/匹夫之见

~~~~~~~~~~
推特短文选之十二：

李同秀（继光） @liaozhiyun2

在复国的总目标下，我们要联合最大范围的盟友力量，实现理想，就要往前看，不要每天盯着每个人的过去，每天去跟可以成为盟友的每个人，清算旧帐，我们自己不是道德制高点，也没有必要去检视每个人都要是道德完美无瑕，思维都是随环境时空在做调整，复国同仁，我们要开大门走大路，才能壮大成功。

极权主义纳粹与共产主义的特征
胡适

伊司曼为了证实他对这巨大斗争所下的判语确极重要，他列举极权主义的二十个重要特点，"其中每一点在共产主义的苏 俄和法西斯主义的德意都可找到，而在英美则找不到"。他所开列的二十点，具体说出这两种相反的生活方式，而这相反的生活方式之所以发生，都是由于主义的冲突 。我在这里把他的二十点，加以缩短，抄录在下面。

极权主 的二十个重要的特征是：

一、狭义的国家主义情绪，提高至宗教狂的程度。

二、由一个军队般严格约束的政党，来执掌国家的政权。

三、严厉取缔一切反对政府的意见。

四、把超然的宗教信仰，降低到国家主义的宗教之下。

五、"领袖"是一般信仰的中心，实际上，他也就等于一个神。

六、提倡反理智反知识，谄媚无知的民众，严惩诚实的思想。

七、毁灭书籍，曲解历史及科学上的真 理。

八、废除纯粹寻求真理的科学与学问。

九、以武断代替辩论，由政党控制新闻。

十、使人民陷于文化的孤立，对外界的真实情况，无从知晓。

十一、由政党统制一切艺术文化。

十二、破坏政治上的信义，使用虚妄伪善的手段。

十三、政府计划的罪恶。

十四、鼓励人民陷害及虐待所谓"公共敌人"。

十五、恢复野蛮的家族连坐办法，对待这种"公共敌人"。

十六、准备永久的战争，把人民军事化。
 十七、不择手段的鼓励人口增加。

十八、把"劳工阶级对资本主义革 命" 的口号，到处滥用。

十九、禁止工人罢工和抗议，摧毁一 切劳工运动。

二十、工业、农业、商业，皆受执政党及领袖的统制。

罗斯福总统指出，民主政治具有生存及滋长的力量，驳斥那种认为民主政治已没落的
毁谤。伊司曼是列举极权主义所有而民主主义所无的各种野蛮特点，显示出这种基本
斗争的尖锐化。这样清楚的列举出这些持点，是一种可贵的方法 ， 以应付反民主主
义的挑战和攻击。

在本文的后半部，我将把民主主义和反民主主义的冲突，归纳为几种更深刻更基本的
哲学上的冲突。使民主政治的生活方式，与反民主政治生活方式互不相存的基本观念，
究竟是什么?

我们暂且把已成滥调的口号和理想（如"自由、平等、博爱"及"天赋的权利"等） 撇开
不谈，我认为民主政治与反民主政治的生活方式之间真正的冲突，基于两种基本的矛
盾：

一切自由独立的宗教团体。在学术方面，不准许有思想言论自由存在。科学与教育只
占次等地位，党国的权利高于一切，而且思想不得离"党的路线"。在经济方面，政府
将一个划一的制度，强加在整个社会上，以期适应其所规定的经济政策。 不论是共
产主义，国家社会主义，或农业集体主义，都是政府不容分说，不择手段，强迫推行
一个划一的制度。在极权国家内，劳工运动已经不存在了，因为实业与生产都是由政
府通盘筹划的。在这个国家里，不许罢工，不许劳工抗议，唯一可能的消极抗议，只
有怠工，但怠工是被认为罪大恶极的。

极权主义规定人民应行接受的"路线"永远是由党、国或领袖来决定。而这三方面又制
定为：急进和过激的革命方式，不同于进步和逐渐改革的方式。控制划一的原则、不
同于互异的个人发展的原则。

极权主义的第二个特征，是根本不容许差异的存在或个人的自由发展。它永远在设法
使全体人民，适合于一个划一的轨范之内。对于政治信仰、宗教信仰 、学术生活，
以及经济组织等无一不是如此。政治活动一律受一小组人员的统制指导，这小组的编
制，类似军事机构， 对于领袖绝对服从和信仰。一切反对的行为与反对的论调 ，都
遭受查禁和清除。在宗教方面 ，极权主义的领袖们，声称已由传统的超自然的宗教
束缚 下解放出来了。同时更尽量对全体人民宣传反宗教的学说，并竭力压制一体，
名异实同。任何人不准违反党纲或政策。极权主义者说："个人是没有自由的，只有

国家、民族才谈得到自由。"极权主义者为党的绝对正确性而辩护，不允许一切与党义不合的事物存在。他们说："因为我们深信，我们的一切行为都是正当的，我们决不能坐视我们的邻人也宣称，他们的行为也是正当的。"

正因为这种在生活各方面过分企图划一与排除异己，才把反民主的政治与民主政治的生活方式标出根本的差别来。民主主义的生活方式，根本上是个人主义的。由历史观点看来，它肇始于"不从国教"，这初步的宗教个人主义，引起了最初的自由观点。保卫宗教自由的人们，宁愿牺牲自己的生命财产，而反抗压迫干涉的斗争。个人按照自己的意思敬奉上帝，乃是近代民主精神在制度在历史上的发端。这种不从国教的精神，也和其它各种自由，有密切的关系，如思想、出版、集会等自由是。根本的问题是，我人企图获得机会，自由发展与表达其自己的感觉、思想与信仰，于是成了一种争取我行我素的权利的争斗。所谓我行我素的权利，是指一种不必墨守成规，不必遵守命令式的轨范而行动的权利。

我们称之为"民主"的政治制度，也不过就是这种具有"不从国教"的自由精神的人们，为了保卫自由，所建立的一种政治的防御物而已。就是连民主文明的经济情况也并不是像一般人心目中所想象的一律都是资本主义本主义的。私人的产权与自由的企业之所以能够长久维持，由历史看来，都是因为这两种制度具有充分的力量，帮助个人的发展，都是出为这两种制度已使一种极高的经济福利标准，有实现的可能。因为这两种制度，具有充分的力量，帮助个人的发展；都是出为这两种制度已使一种极高的经济福利标准，有实现的可能。

民主制度，于是体现在宗教信仰、智识醒觉、政治言论，以及等等一切生活方面的这种"不从国教"精神的产物。民主文明，也就是由一般爱好自由的个人主义者所手创的。这些人重视自由胜过他们的日用饮食，他们酷爱真理，宁愿牺牲他们的性命。

节选白 The Conflict of Ideologies，是胡 适一九四一年七月在美国密歇根大学 所做演讲

~~~~~~

逃港罹难知青纪念碑　第二碑北美落成　　莎莉

春寒料峭，北美「逃港罹难知青纪念碑筹备小组」的成员于 3 月 30 日，为「逃港罹难知青纪念碑」第二碑的揭幕活动进行准备工作。4 月 30 日举行了正式揭幕典礼。

继 2022 年 6 月首座「逃港罹难知青纪念碑」在北美落成后，2023 年再建成第二座纪念碑。两座纪念碑合共 352 个有据可查的人名，印证着这段惊心动魄的「大逃港」历史。

怒海浮沉，年青的生命历经风浪终到自由彼岸，逃亡路上的惊险，那段不可磨灭的经历，正如碑上所刻：年年岁岁 永不相忘。在 1960 年至 1970 年代末，有一批来自中国大陆的年青人为挣脱「文化大革命」的 （下转 81 页）

【文艺拾萃】

军旅诗抄

民国军人：林咏泉 （1911-2005）

江边

第一次与江会见的时候
就被江上的风光挽住
奔腾不息的浩大江流
竟以和善的江风和浪涛
为我这新入伍的小兵
奏乐欢迎、殷勤等候
许多假期，我都会到江边
沿着江堤，扶着堤栏
朝江上和对岸张望
让我幼童般爱玩的心魂
飞落那渔舟，守候那
钓鱼者垂纶的长线
信口开唱渔光曲
浮想联翩长江梦
时常凝视江心
那些群岛般停泊的军舰
那岛上的官兵
穿着洁羽般的制服
看他们列队操练
看他们警守着炮身看
他们迅急的演习
我是多么神往，多么兴奋
我久久地向舰尾的旗徽注目
祖国的旗帜，祖国的舰队！
江边常有拉纤的行列
如江水终古长流
早就记述于远古的史册
他们习于合唱的号子
与江风融为一体
他们辛劳倔强的身影
与波光同化作江魂
江面漂移着片片白帆
舟子躲入遮阳的帆荫
如暑天芭蕉阴影中的情侣

江轮穿梭在江波里
披着长发似的白烟
汽笛如小牛的吼声
急忙着向码头报到
它载运着要紧的货物
和许多更心急的乘客
横卧岸边的江滩
昼夜不停淘洗着泥沙
淘洗着大江东去的梦幻

1941，10.重庆

旗子（一）

我们迎接太阳
迎接那悬在青青的天空里
放射着纯白色光芒的圆球
我们的旗子，足这样璀璨地
招展于祖国大地
旗子永远与光明为伴
当朝阳爬伏在山头
攀抉在树梢，安详地贴倚在
第一道窗格的时候
我们的旗子，卷着晨风升起
撑旗者来了
风伴随着旗衫
人伴随着旗影
旗子飘向石榴的红林
飘向竹树的绿林
飘向城市、乡村
无边的辽阔的国土上
来吧
旗子招引着我们
旗子排成阵、排成林
旗子挥写着胜利的大字
我们把它高举！

1942.5. 重庆

月夜/送多慈

穿过白杨重叠的枝叶缝隙
跨过梧桐片片大掌的边缘
当你温良缄默的月魄
燃亮天空的灯烛照临人间
夜色是如此幽静妩媚
大地是如此和谐可爱
你把纷繁的光彩
洒作树叶的斑斓
如海边的贝壳石片
镀上朝阳与夕阳的光焰
而夜行的旅人，夜袭的战士
更因你而获深沉的感受
你不会被人间暴力所摧毁
人间可有过扑灭光明的暴徒？
你永远烛照着真理、自由
更烛照着献身于真理和自由的斗士
去扑灭暴力的进军路
深深夜，你的光辉
扑在我面颊，使我清冷我
感受到美丽的眩惑　我要
避开你明洁的眼神
我要悄悄睡去
钻进收容疲倦的小屋
还轻悄地关上蒙着夜色的屋门
我竟与你隔开，你被屏于门外
你不再面对我，在地上墙上
描画我的影子
你曾那样目不转睛地窥看我
如多情地偷看你的恋人
如顽童涂抹着黑色图画
而你是否受了惊吓？
当你追随着欲跨入我门槛
却意外碰在门板上了
但你竟能钻入门缝
钻入窗纸的小孔
一缕缕银丝射在我床前
你在看着我入梦
你是否也替我梦幻着
我所梦求的去处

我所梦想的人
你静默地倚在我门上窗上
坐卧在石阶前的院中
鸟雀、飞虫也去寻梦
趁着你清亮的明灯
它们放开琴弦、闭上歌喉
归向和乐融融的巢穴
你是否觉得太沉静
觉得太寂寞凄清
你被清冷的游风吹拂
被周遭的群星围拢
如围在传道者身边的教徒
谛听你讲述人间的故事
一串串流星划过银河
如同箭火交射的战乱
难道天外也有战争
一如人世间的悲惨
可有深更望月的痴人
想要升空去平暴戡乱
呵，非也，这可是天上
胜似元宵的平安佳节
我昏昏欲睡
不知有多少望月怀乡
对月怀人的旅人
空对人亦寂寞夜亦寂寞
是否会幻觉古老的传说
见你化为一个女神
缓行于大地的每个院落
把安宁幸福送往家家户户
让入眠者有愉悦的好梦

1942.7。 重庆 南温泉

民国九叶派诗人之一

郑敏诗抄 （1920 年 7 月 18 日－2022 年 1 月 3 日）

金黄的稻束

金黄的稻束站在
割过的秋天的田里，
我想起无数个疲倦的母亲
黄昏的路上
我看见那皱了的美丽的脸
收获日的满月在高耸的树巅上
暮色里，远山是围着我们的心边
没有一个雕像能比这更静默。
肩荷着那伟大的疲倦，
你们 在这伸向远远的
秋天的田里低首沉思，静默，静默。
历史也不过是脚下一条流去的小河
而你们，站在那儿
将成了人类的一个思想。

秘密

天空好像一条解冻的冰河
当灰云崩裂奔飞；
灰云好像暴风的海上的帆，
风里鸟群自云堆的天上跌没；
在这扇窗前猛地献出一角蓝天
仿佛从凿破的冰穴第一次窥见
那静静等在那儿的流水；
天空上有春天的影子
一棵不落叶的高树，在它的尖顶上
冗长的忧郁如一只正举起翅膀的鸟
一切，从混沌的合声里终于伸长出 一句乐句。
他在听：远远的海上，山上，和土地的 深处。

树

我从来没有真正听见声音
像我听见树的声音，
当它悲伤，当它忧郁当它鼓舞，
当它多情时的一切声音

即使在黑暗的冬夜里，你走过它
也应当像 走过一个
失去民族自由的人民
你听不见那封锁在血里的声音吗
当春天来到时
它的每一只强壮的手臂里
埋藏着千百个啼扰的婴儿。
我从来没有真正感觉过宁静
像我从 树的姿态里
所感受到的那样深
无论自哪一个思想里醒来
我的眼睛遇见它
屹立在那同一的姿态里。
在它的手臂间星斗转移
在它的注视下溪水慢慢流去，
在它的胸怀里小鸟来去
而它永远那么祈祷，沉思
仿佛生长在永恒宁静的土地上。

舞蹈

你愿意经过一个沉寂的空间
接受一个 来自辽远的启示吗？
当黑暗和温柔的静默包围着你，
在那光亮的一角
好像在暮晚的天边
变异着神的亮翼，好像
秋日下午的果园
日晒雨淋，但大地
把你拥抱， 消化，吸收。
一阵狂风吹散冬云，春雨绵绵，
一个熟透的苹果无声的降落，
陷入转黄的软草里。
你愿意透过心的眼睛看见
神的肢体吗？
那圆润的手臂，
徐徐弯转的腰肢
她的脚可以践在水上
而不被埋没，
她的眼光是不因距离
而淡弱的星光。
每一个缓和与敏捷的行动

都是沉默的一笔，
记下那不朽的言语
人们倾听着，倾听着，
用他们的心终于在
一切身体之外
寻到一个完美的身体
一切灵魂之外，
寻到一个至高的灵魂
如有你在我身边--诗呵，我又找到了你
绿了，绿了，柳丝在颤抖，
是早春透明的薄翅，掠过枝。
为什么人们看不见她，
这轻盈的精灵，你在哪儿？哪儿？
"在这儿，就在你心头。"她轻声回答。
呵，我不是埋葬了你？
诗，当秋风萧瑟，
草枯了，叶落了，我的笔被催折
我把你抱到荒野，山坡，
那里我把我心爱的人埋葬，
回头，抹泪，我只看见野狗的饥饿。
他们在你的坟头上堆上垃圾，
发霉，恶臭，
绿了，绿了，柳丝在颤抖，
是早春透明的薄翅掠过枝头。
我的四肢被春寒浸透，踏着细雨茫茫，
穿过田野，来到她的墓旁，
忽然一声轻软，这样温柔，
呵你在哪里？哪里？我四处张望，
"就在这里，亲爱的，你的心头。"
从垃圾堆、从废墟、从黑色的沃土里，
苏醒了，从沉睡中醒来，
春天把你唤起，轻软着,我的爱人，
伸着懒腰，打着呵欠，葬礼留下的悲痛，
像冰川的遗迹，
冰雪消融,云雀欢唱,它沉入人们的记忆。
呵，我又找到了你，我的爱人，泪珠满面，
当我飞奔向前，把你拥抱，只见
轻烟，一缕，袅袅上升，顷刻消失在晴空。
什 么？！什么？！你……我再也看不见，
你多智的眼睛，欢乐在顷刻间，化成悲痛，
难道我们不能团聚？
哀乐，再奏起吧，人们来哭泣。
但是地上的草儿轻声问道：

难道她不在这里？不在春天的绿色里？
柳丝 的淡绿，苍松的翠绿⋯⋯
我吻着你坟头的泥土，充满了欢喜。
让我的心变绿吧，我又找到了你，
哪里有绿色的春天，哪儿就有你，
就在我的心里，你永远在我心里。
如有你在我身边，我将幸福地前去⋯

　一九七九年写
~~~~~~

（上接 73 页）枷锁，被称为知青的他们在「上山下乡」运动期间想尽办法出逃香港，很多人在在争取自由的过程中遇难。他们或葬身大海，或饿死途中，或在虎口下丧生，或在监狱中死去。

由北美逃港幸存者组成的「逃港罹难知青纪念碑筹备小组」于 2021 年 7 月成立，展开罹难者名单搜集工作，其中以广东的遇难者为主轴，并于 10 个月后将征集到的首批 176 位确认名单，制作成首座纪念碑，于 2022 年 6 月 15 日在美国新泽西州的恒福陵园（Eternal Sunset Memorial Park and Cemetery）立起。

2023 年 3 月 30 日，「逃港罹难知青纪念碑」第二碑落成，此碑正面为细腻的影雕图像，另一面则是第二批收集的 176 位罹难者姓名及罹难者数据库网址。

「南京大屠杀、大饥荒、六四⋯⋯这些死难者都没有留下名字，他们建这个碑就是要用名字证实『大逃港』这件事的存在，哪间学校，哪里的人，真真切切，每个人都有他们的故事。除了刻在碑上的名字外，我们还有网站讲解他们的经历，这就是他们的墓志铭！」

逃纪念碑上刻的名字，都是有据可查的，这些名字只是冰山一角，他们相信有上万无名氏都在这场浩劫中丧失了生命，但是他们也只能尽量去考证他们身边的遇难者，收集这些名单非常非常艰难，如果他们不做，就可能永远消失了。

左下方的诗歌是已故卒友、才女袁家伦在 2018 年访港拜祭时写的一首祭词：「云雾罩海滩 雨洒吉澳山／出师身未捷 魂断大鹏湾／昔日同上路 君却未能还／相逢唯梦里 泪雨湿衣衫／清香一缕缕 酒洒绿波间／愿为自由故 舍命不悔叹。」祭词所描绘的，正是逃港者的真实写照。

「逃港罹难知青纪念碑」的第二碑落成后，征集死难者的名单和故事仍在继续，美东建碑组仍然马不停蹄地与时间赛跑，寻找更多的逃港者线索和他们的故事，还计划未来可以举行学术研讨会，用严谨考究的方式留下这段历史。（根据"新纪元"报导压缩）

【九州观察】

前所未见！南京民众跨年蜂拥给孙中山雕像献花

编者按：据未经证实的消息来源，这次 2023 年元旦发生在南京市的市民向市中心孙中山献花行动，是国内年轻的民国人策划。

***

原来南京新街口广场是这么回事：警察首先是封堵群众，禁止群众进入最核心的孙中山雕像。但群众蜂拥而至，突破警察封锁，上去献花，最终人民的海洋吞没了中共警察。白纸革命以来，各地都出现许多不再遵守警察规定的现象，这是中共权威遭致削弱的表现。包子新年贺词，也非常弱势。

综合看中国、推特报导，2022 年 12 月 31 日跨年夜，中国南京新街口广场上演令人深思一幕，大批民众冲破警戒线，聚集在国父孙中山雕像身旁，献花后释放手中气球，让外界联系到此前的中国"白纸运动"。据指当时上万人吞没执勤警察，隐藏深意：中国民众需要自由民主。

2023 年 1 月 1 日有推特网友转发视频说，"原来南京新街口广场是这么回事：警察首先是封堵群众，禁止群众进入最核心的孙中山雕像。但群众蜂拥而至，突破警察封锁，上去献花，最终人民的海洋吞没了执勤警察。白纸革命以来，各地都出现许多不再遵守警察规定的现象，这是中共政权遭致削弱的表现。"

另一名网友在推文中说，"南京发生政 治跨年，市民涌向孙中山先生雕像。… 中华民国是人民的向往，这个事实昭 然若揭。谎言不可能永久掩盖真相，洗脑不可能永远愚弄人民。人心所向，莫可阻挡！"

还有不少网友感慨道，"这种集体和公权力对抗的情形，是过去难以想象的，印像中，似乎是从最近两个月的白纸革命集体抗争开始的，包括超人哥那次。从基层开始，用切香肠的方式渐进地'不服从'，抵制强权，是这两年中国人的重大进步。"、"跨年夜，在当局禁止百姓放烟花鞭炮的情况 下，老百姓还是上街自发的放炮放花，而且是全国遍地开花。这也是一种抗议的方式，而且是没有组织所有人完全自发的，"

在 2022 年底中国上演"白纸运动"后，这次再出现万人吞没公安警察场景。根据网传视频可见，大批民众聚集在 孙中山雕像身旁，他们手持鲜花、气 球，彩色气球瞬间纷飞。

文会观察

编后记：

《中国之春》杂志是由王炳章等人于 1982 年底创立的海外第一份抵抗共产专制的刊物，并由此而在 1983 年召开了"中国之春运动世界代表大会"，产生了海外第一个反对派组织：中国民主团结联盟【民联】。【中国之春】成为民联主管的刊物。

1993 年中国民主团结联盟与中国民主联合阵线合并，组成了中国民主联合阵线（民联阵），【中国之春】即由民联阵负责主办。此后，【中国之春】受组织系统的变动等因素影响，最后于 2004 年停刊，几经周折，今由原民联阵成员（包括 社长,董事,主编等）及几位中国之春民主运动资深骨干同声合意，准备捐资重启【中国之春】，更新为【中国之春文会】印刷版，该正式出版物将通过全球发行，并拟更新宏旨，扩展格局，让新版【中国之春文会】成为以文会友、交流政见的公众平台，以顺应"时代革命"之潮流，以宣传光复中华民国之伟业。

本刊主要由同仁供稿，并精选汇编系列资料和文选。尤其是以专题彰显忠烈英杰的事迹。殉道者的血历来是复兴的火种，会激励后继者满血复活中华之魂。

让我们在光复中华民国的历史潮流中重新出发，以谦卑仁爱之心，昭告乡亲父老，认祖归宗，承前启后；以勇毅坚韧之志，呼唤同仁道友，犁庭扫穴，风云聚会；以应浩荡壮阔的时代革命洪流！

中国之春文会　　2023/5/4

附启事：
1. 请本刊作者联系本编辑部
2. 本刊欢迎原创稿
3. velawd@gmail.com
4. 168william@gmail.com

《中国之春 文会》

~~~~~~~~~~~~~~~~~~

编 撰： 文会 编辑组
封 面： 小兵
装 帧： 脉望
网 址： www.rocgl.org
联 系： victory.wethepeople@gmail.com

出 版 ： 美国麓鹿出版社 lulu press,inc
社 长： Bob Yong
地 址： 627 Drvis Dr ,Suite 300 Morrisville NC27560
网 址： www.lulu.com
电 话： (844) 212 0689
出 版： 2023 年 5 月 第一版
印 刷 美国麓鹿出版印刷中心
ISBN 978-1-312-59377-0
购 买： www.lulu.com/中国之春文会
www.Amazon.com/中国之春文会
www.BARNES&NOBLE.com/中国之春文会

Deals for You and Your Readers Save on your own purchases or share these deals with your readers to drive more sales of your books.